워싱턴의 겁쟁이들

워싱턴의 겁쟁이들

1954년 이승만 국빈 방미의 재조명

이현표

기파랑

차례

워싱턴　필라델피아　뉴욕　로스엔젤레스　샌프란시스코　하와이

7.26　　8.1　　8.2　　8.5　　8.7　　8.8

서문 『워싱턴의 겁쟁이들』을 열며 　　　　　　　　　　7

1 이승만 대통령의 미국 국빈 방문 배경 　　　　　15

2 외교와 홍보의 달인 　　　　　　　　　　　21

3 미국의 수도 워싱턴 도착 　　　　　　　　31

4 백악관 도착과 국빈만찬 　　　　　　　　39

5 제1차 한미 정상회담 　　　　　　　　　47

6 덜레스 국무부장관과 회담 및 만찬회 　　55

7 미 의회 연설과 그 파장 　　　　　　　　63

8 아이젠하워 대통령 부부를 위한 만찬 　　115

9 워싱턴에서의 일정 　　　　　　　　　121

10 제2차 정상회담-아이젠하워와 불화 　　131

11 조지워싱턴대학교 연설   139

12 미국 외교기자클럽 오찬 간담회 연설   149

13 이승만 대통령의 방미와 독도 무인 등대 점등   161

14 외국전참전용사회 연례 총회 참석   169

15 뉴욕 환영 퍼레이드와 오찬회   183

16 국빈 방문의 하이라이트 '한미재단 만찬회'   199

17 유엔 방문 및 트루먼 전 대통령과의 만남   233

18 로스앤젤레스 방문   241

19 샌프란시스코 커먼웰스 클럽 연설   267

20 하와이 방문   283

21 귀국길에 오르다   297

    에필로그   308

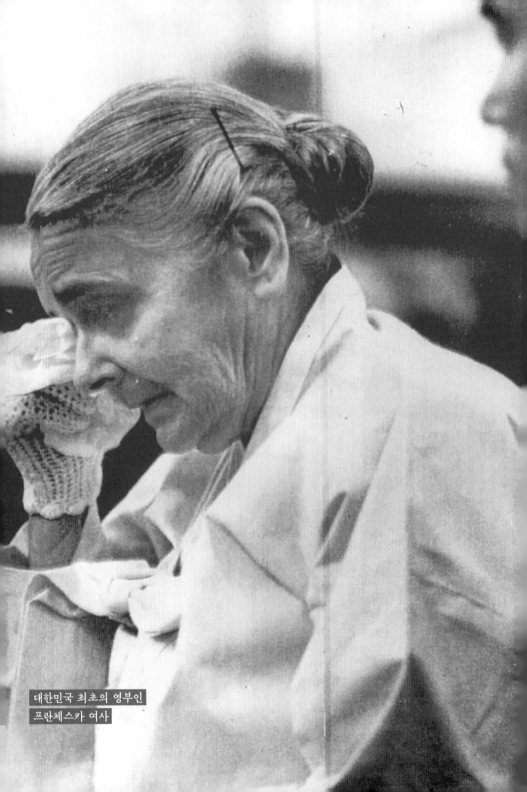

대한민국 최초의 영부인
프란체스카 여사

『워싱턴의 겁쟁이들』을 열며

19 65년 7월 21일(수요일) 저녁, 어느 여인이 울면서 하와이 호놀룰루의 한인교회 안으로 들어서고 있다. 만 나이 64세로 보기에는 너무 늙고 병약해 보이는 벽안의 여인이 31년이라는 영욕의 세월을 함께한 사랑하는 남편과 이승에서의 마지막을 보내려고 힘든 발걸음을 하고 있는 것이다.

25세 연상의 남편, 90세에 가까운 노령으로 병상의 신세를 지고 있는 지아비를 3년 반 이상 극진히 간호하면서, 그녀의 심신은 극도로 쇠약해져 있었다. 더구나 남편이 영면하기 전 1주일 동안 잠을 거의 못 이뤘던 그녀는 1965년 7월 19일 새벽 0시 35분, 싸늘하게 변해 버린 '파파'(평소 그녀는 남편을 이렇게 불렀음)의 손을 놓지 않을 수 없었다. 이후 식음을 못하고 혼절을 거듭하다가 양자의 부축을 받으며 간신히 장례식장에 모습을 드러냈다.

그러나 하얀 한복을 입고 반듯이 빗어 올린 머리칼, 검은 실핀으로 머리칼이 흐트러지지 않도록 꽉 조인 모습. 그리고 통곡하지 않고 오른손에 흰 장갑을 낀 채 손수건으로 눈물을 훔치는 범상치 않은 행동은 그녀의 품격을 대변해 주고 있다. 그녀는 다름 아

7

닌 대한민국의 첫 영부인 프란체스카 도너 리Francesca Donner Rhee, 1900~1992 여사다.

대한민국 초대 대통령 이승만Syngman Rhee, 1875~1965. 남북통일이 되기 전까지는 눈을 감을 수 없다며 생의 마지막 순간까지 병마와 투쟁하던 그는 사랑하는 '마미'(이승만은 평소 아내를 이렇게 불렀음)를 두고 그렇게 떠났다. 향년 만 90세.

1960년 4·19 혁명에 의해 권좌에서 물러난 후, 이승만은 프란체스카와 미국 하와이에서 인생의 마지막 5년을 보냈다. 1913년부터 1938년까지의 하와이 생활 25년을 포함하면, 그는 무려 30년을 그곳에서 지냈다. 공교롭게도 조국인 한국에서 45년, 워싱턴을 비롯한 미국에서 45년을 살았던 이승만에게 미국은 제2의 고향이나 다름없었다.

그렇지만 이승만은 1905년 을사늑약으로 나라의 외교권을 빼앗겨 40년 동안의 미국 망명 생활 중에 느꼈던 향수보다도, 권좌에서 물러난 이후 하와이에서 보냈던 5년 동안에 더욱 고국을 그리워했던 모양이다. 그 시절, 이승만은 병상에 있으면서도 만나는 사람마다 "나를 좀 우리나라에 데려다 달라"고 하소연했다고 한다.

그러나 이승만은 살아서 조국 땅을 밟을 수 없었다. 1965년 7월 21일 밤 11시(하와이 현지 시간), 이승만의 유해는 미군 의장대의 호송을 받으며 하와이 히캄 공군기지로 향했고, 미 공군 수송기에 실려 조국으로 돌아왔다. 사랑하는 '마미'는 그곳에 남겨 둔 채!(프란체스카 여사는 그 5년 후인 1970년에 귀국해 1992년 서거했음)

1965년 7월 22일, 김포 공항에는 박정희 대통령을 비롯한 3부 요인, 그리고 많은 인사가 그의 시신을 영접했으며, 장례는 7월 27일 가족장으로 치러졌다. 정동교회에서 영결식을 마친 후 국립묘지로 가는 그를 전국에서 모인 수십만의 국민이 애도했다.

당시 이승만의 장례 형식을 놓고 국장·국민장·사회장 등 논란이 빚어졌듯이, 주검이 돼 돌아온 그를 보는 시각도 달랐다. 그것은 어제의 일만이 아니다. 오늘날에도 이승만에 대한 평가는 우리 사회 내에서 극과 극을 달리고 있으며 커다란 논쟁거리가 되고 있다.

그러나 그를 존경하든 비난하든 우리가 알아둘 것이 있다. 이승만은 우리 기억 속에서 사라진 인물이 아니라, 아직도 이렇게 우리와 함께 호흡하고 있는 인물이라는 사실이다. 왜 그럴까? 대답은 간단하다. 이승만만큼 우리 현대사의 흐름을 바꿔 놓은 인물을 찾기 힘들기 때문일 것이다. 그는 한국 근대화의 선구자로, 조국 독립의 구심점으로, 그리고 무엇보다도 대한민국이라는 자유 민주국가의 건국과 발전을 위해서 남달리 헌신했다.

반면에 "나 아니면 안 된다"는 아집 때문에 그는 장기 집권을 도모했다. 이 과정에서 억지 개헌, 정치적 탄압을 마다하지 않았다. 그 결과, 1960년 4·19혁명의 단초를 제공했고, 많은 젊은 이를 쓰러지게 했으며, 결국 망명 생활로 한 많은 생을 마감해야만 했다.

사정이 이러하니 국내외에서 이승만에 관한 수많은 저작물이 제작됐다. 이 중에는 그를 직접 접했던 이들의 소중한 저작물들이 있으나, 이승만과 일면식도 없는 이들의 검증되지 않은 거짓 정보를 담은 저작물도 많다. 특히, 이승만을 제거하고 한반도 적화를 도모했던 스탈린, 모택동, 김일성 같은 원흉들과 그들을 추종하는 무리가 날조한 이승만에 관한 허위 정보가 첨단미디어를 통해서 빠른 속도로 널리 퍼지고 있다.

독자 여러분께서 손에 쥐고 있는 이 책은 아주 특별한 존재

『이승만 대통령 미국 방문기』

다. 잠시 이 책을 발간하게 된 일화를 소개하는 것이 도리일 것 같다.

이야기를 2005년으로 돌려야겠다. 필자는 당시 미국의 수도 워싱턴에서 근무하고 있었다. 그해 4월 초, 골동품 상점을 찾았다가 뜻밖의 책을 만났다. 『PRESIDENT SYNGMAN RHEE'S JOURNEY TO AMERICA』이승만 대통령 미국 방문기라는 제목의 영어 원서였다.

대한민국 공보처가 1955년 발간한 이 책에는 1954년 7월 26일부터 8월 13일까지 18박 19일 동안 이승만 대통령의 미국 국빈 방문 행적이 많은 사진과 함께 수록돼 있었다.

필자는 오랫동안 대한민국 대통령들에 관한 자료를 수집해 왔으나, 영어로 된 이승만 대통령 미국 방문기는 그때 처음 봤다. 그리고 놀랍게도 이 책에는 아주 인상적인 사진 한 장이 꽂혀 있었다. 6·25전쟁 직후, 피란지에서 태극기를 들고 서 있는 이승만 대통령 사진이었다.

사진을 처음 대하는 순간 실망스러웠다. 그 절체절명의 순간에 왜 우리 대통령은 총이나 칼을 들고 결연한 의지를 보이지 않고, 그렇게 나약한 모습으로 태극기를 들고 있을까?

그날 밤, 필자는 그 사진을 책갈피 삼아 밤새도록 책을 읽으며 너무도 큰 충격과 감동을 받았다. 그간 알지 못했던 이승만 대통령

피란지에서 외신기자에게 태극기를 보이는 이승만 대통령

의 새로운 모습을 발견했기 때문이다. 그는 우리나라의 국제적인 위상이 극히 낮았던 그 시절, 미국을 국빈 방문해서 미국인들에게 자유세계의 미래를 위해서 공산주의자들을 상대로 거룩한 전쟁 crusade을 개시해야 한다고 설파하고 있었다.

책 읽기를 마치고 태극기를 들고 서 있는 이승만 대통령을 다시 곰곰이 살펴봤다. 처음 접했을 때 느껴졌던 실망스러운 감정이 이번에는 연민과 애정으로 변했고, 그분의 용기와 배짱이 느껴졌다.

그때 불현듯 이 기록물이야말로 이승만 대통령을 이해할 수 있는 최적의 교재라는 확신이 섰고, 모든 국민이 한 번쯤 읽었으면 좋겠다는 생각이 들었다. 그리고 이제 그 기록물을 우리말로 정성껏 번역하고, 국내외의 여러 문헌과 언론보도, 사진 자료들을 발굴하여 이 대통령의 국빈 방문을 새롭게 재조명하는 책을 선보인다.

원고를 꼼꼼히 읽으신 후, 많은 조언을 해주시고 출간에 이르기까지 물심양면으로 지원해 주신 이동복李東馥 선생님, 출판계의 불황에도 불구하고 책자를 발간해 주신 안병훈安秉勳 사장님께 진심으로 감사드린다.

2022년 9월, 이현표 드림

1

이승만 대통령의
미국 국빈 방문 배경

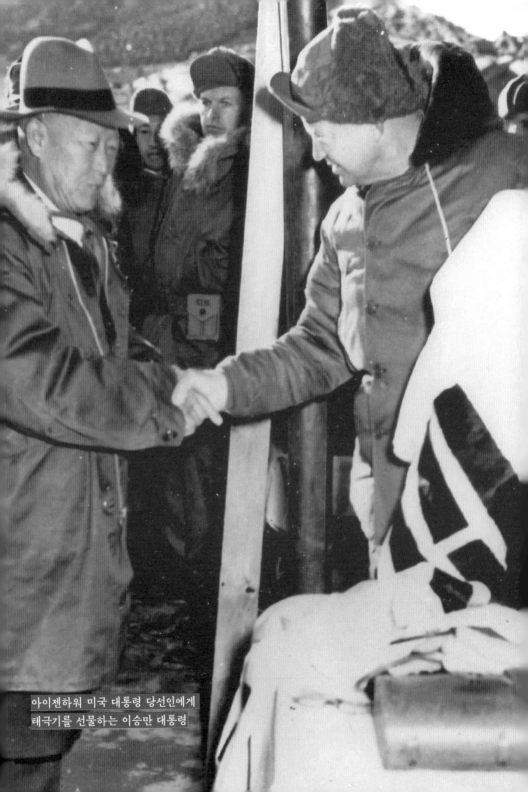

아이젠하워 미국 대통령 당선인에게
태극기를 선물하는 이승만 대통령

1
이승만 대통령의
미국 국빈 방문 배경

19 48년 7월 17일 제정된 대한민국 제헌헌법 전문은 대한민국 건국의 기본이념을 자유와 정의에 두고 있으며, 이는 8차례의 헌법 개정에서도 변하지 않고 지켜지고 있다. 자유와 정의는 유엔의 설립 목적이며 모든 자유민주주의 국가의 기본이념이기도 하다.

그러한 대한민국이 수립된 지 채 2년이 못 돼 미증유의 시련을 겪게 된다. 1950년 6월 25일, 소비에트 공산군(스탈린과 그의 조종을 받는 중공 및 북한의 군대)의 무력 남침으로 수백만 명이 생명과 재산을 잃었고, 전 국토가 완전히 초토화됐다. 이후 대한민국은 무력과 폭력을 앞세워 자유와 정의를 짓밟는 세력과 3년에 걸쳐 동족상잔의 전쟁을 치러야 했다.

참고로 이승만은 6·25전쟁을 공산진영과 자유진영의 전쟁이며, 그의 적수敵手는 자기보다 3살 아래인 공산진영의 우두머리 스탈린이라고 생각했다. 다시 말해서 이승만은 자기보다 18살 아래인 모택동이나 37살 아래인 김일성은 스탈린의 꼭두각시나 다름없는 존재로 보았다. 대한민국 공보처가 발간한 이승만 대통령 자료집에는 스탈린이라는 이름은 등장하지만, 김일성이라는 이름은 눈을 씻고 찾아봐도 없다.

1953년 7월 27일 휴전협정으로 총성은 멎었다. 그러나 그것은 말 그대로 일시적인 방편이었다. 이후 1954년 4월 26일부터 6월 15일까지 51일간 제네바에서는 한반도 통일문제를 다룬 국제회의가 개최됐다. 휴전 뒤 3개월 안에 고위 정치회담을 열어 한국 문제를 평화적으로 해결할 것을 권고한다는 휴전협정의 내용에 따른 국제회의였다.

그러나 제네바 회담은 아무런 성과 없이 말잔치로 끝나고 말았다. 이제 바야흐로 국제사회는 공산 진영과 자유 진영의 노골적인 대립이 시작됐다. 구체적으로는 미국과 소련의 양극체제였으며, 중공이 신생국으로서 세계 무대에 등장하게 됐다. 이로써 한반도의 통일문제는 더욱 어두운 구름 속으로 잠겨 버렸다.

한편 휴전 직후인 1953년 8월 3일부터 대한민국과 미국은 한미상호방위조약 협상에 들어가 같은 해 8월 8일 그 최종안을 서울에서 가조인했다. 그리고 동년 10월 1일 워싱턴에서 대한민국과 미국의 외교 담당 장관이 서명했지만, 양국이 비준서를 교환하고 실제 효력이 발휘된 것은 1954년 11월 18일이다.

이승만 대통령은 한반도에 자유와 정의가 넘치는 통일국가를 꿈꿨던 인물이다. 비록 그가 공산주의에 대한 지독한 혐오감을 가졌지만, 원래 무력과는 거리가 먼 인물이었다. 요즘 이승만이 해방 직후부터 북진 통일을 주장했다는 말이 공공연히 떠돈다. 그러나 이는 공산주의자들이 날조한 새빨간 거짓말이다. 이승만은 6·25전쟁이 발발하기 전에는 북진 통일을 주장한 적이 없다.

이승만은 일제 강점기에 미국에서 망명 생활할 때부터 조국의 독립에 관해서 남다른 면이 있었다. 즉 외교적인 노력으로 국권을 회복한다는 신념을 가졌다. 이러한 독립 노선은 당시 한국인들에게 너무 이상적이고 현실 회피적이며 유약하게 보였다. 그 때문에 이승만은 대한민국 임시정부의 초대 대통령이자 목에 수십만 달러의 현상금이 걸린 일제의 공적 제1호였지만 오해를 받았다.

그러나 6·25전쟁은 이승만 대통령을 완전히 다른 인물로 바꿔 놓았다. 자유와 정의를 지키기 위해서는 불가피하게 무력을 사용할 수밖에 없다는 확고한 신념을 갖게 된 것이다. 그는 휴전에 철저히 반대했고, 전쟁을 서둘러 종식하려는 아이젠하워 등 미국과 국제 사회의 정치지도자들과 대립각을 세웠다.

6·25전쟁이 교착 상태에 빠졌던 1952년 11월, 미국에서는 대통령 선거가 실시됐다. 공화당의 아이젠하워 후보는 그해 10월 24일 "I shall go to Korea"나는 한국에 갈 것이다라는 제목의 연설로 주도권을 잡았다. 연설은 그가 어떤 방식으로든 전쟁을 종식하겠다는 의도로 받아들여져서 미국 언론과 시민의 주목을 받았고, 그는 대통령에 당선됐다.

아이젠하워는 군인으로 평생을 살아온 인물이고, 일부에서는 그가 6·25전쟁을 휴전이 아닌 북진 대공세로 마무리할 수도 있다고 생각했다. 이승만 대통령은 단지 생각만 한 게 아니라, 어떻게 해서든 그를 설득해서 남북통일의 꿈을 실현하고 싶어 했다.

아이젠하워는 약속대로 대통령 당선인 자격으로 1952년 12월 2일부터 2박 3일 일정으로 방한했고, 이승만 대통령은 그를 만나

방한 중 오찬 중인 아이젠하워 대통령 당선인

자신의 계획을 설명할 만반의 준비를 하고 있었다. 그러나 아이젠
하워는 이승만과 생각이 달랐다. 이미 휴전으로 마음을 정한 그는
이승만 대통령과의 만남 자체를 탐탁지 않게 여겼다.

이승만 대통령의 외교고문 로버트 올리버 교수는 1978년에 발
간된 저서 『Syngman Rhee and American Involvement in
Korea, 1942~1960)』이승만과 미국의 한반도 개입에 당시의 상황을 비
교적 잘 기술해 놓았다.

올리버는 아이젠하워가 도착 즉시, 이승만 대통령을 만나고는
더 이상의 접촉을 꺼렸다고 적었다. 그뿐만 아니라 아이젠하워는 3
일 동안 체류하면서 주한미군사령관 밴 플리트 장군의 전황 보고

도 받으려 하지 않고, 낮에는 미군 부대 시찰, 밤에는 포커 놀이를 즐겼다고 비판했다.

당시 재미있는 일화가 있다. 이승만 대통령이 아이젠하워에게 대형 태극기를 선물한 것이다. 외국의 최고 지도자에게 국기를 선물한다? 정말 기발한 착상이 아닌가! 이 대통령은 무슨 선물을 할까 상당히 고민했던 것 같다. 결론은 태극기였다. 물론 상대가 반갑게 받으리라고는 생각하지 않았을 것이다. 그러나 이승만은 태극기를 통해서 자유와 정의를 지키려는 자신의 마음을 전달하고 싶었다.

그때 현장을 목격했던 원로 언론인에 따르면, 아이젠하워가 한 손으로 태극기를 받으려고 하자, 이 대통령은 황급히 태극기를 거두며 정색하며 말했다고 한다. "국기를 받을 때는 두 손으로 받는 게 예의입니다!"라고. 곧 아이젠하워는 두 손으로 태극기를 받은 다음, 왼손으로 태극기를 들고 오른손으로는 이 대통령과 악수했다. 그 장면을 담은 사진을 보면, 두 사람의 관계가 어딘지 어색해 보인다.(14쪽 사진 참조)

이승만 대통령의 태극기 사랑은 유별났다. 미국에서 망명 생활하며 조국의 독립을 그릴 때는 물론이지만, 어렵사리 해방을 맞고, 대한민국 정부를 수립했는데, 공산주의자들의 무력 침공에 직면하니, 태극기 사랑이 더욱 절실해졌던 것 같다.

6·25전쟁을 겪고 나서, 이승만은 어제의 순진한 평화주의자, 외교를 우선하는 합리주의자가 아니었다. 그는 북쪽의 공산정권을 반드시 무너뜨리겠다는 반공투사로 변해있었다. 이승만에게 한미상호 방위조약은 필요한 것이기는 했지만, 충분한 것은 아니었다.

적의 도발을 응징하고, 북진 통일하겠다는 이승만의 이러한 집념은 미국은 물론, 국제사회로부터 큰 호응을 받지 못했다. 이는 이승만 대통령에게 큰 불만이 아닐 수 없었다. 그런데 1954년 제네바 회담이 아무 성과 없이 끝나고 한반도에 다시 암운이 드리우자, 그는 자신의 주장이 옳았다는 것을 알릴 필요가 있었다.

반면에 아이젠하워는 대통령에 취임한 후, 자신의 약속대로 6·25전쟁의 휴전을 성립시켰다. 하지만 이승만의 불만을 잘 알고 있었고, 어떻게든 그를 회유하고 싶었다. 그래서 존 덜레스John Foster Dulles, 1888-1959 국무부장관과 로버트슨 국무차관보를 이승만 대통령에게 보내, 미국을 방문해주도록 요청했다.

결국 방미 계획은 구체화 되었고, 1954년 7월 14일, 엘리스 브리그스 주한미국대사가 아이젠하워의 초청장을 이 대통령에게 전달하고, 이날 양국 정부는 이승만 대통령의 방미를 공식 발표했다.

2

외교와
홍보의 달인

외신기자에게
태극기를 펼쳐 보이는
이승만 대통령

2
외교와
홍보의 달인

이승만 대통령은 1948년부터 1960년까지의 재임 기간 중 전부 6차례 외국을 방문했다. 1948년 10월, 맥아더 장군의 초청으로 일본을 방문한 것을 시작으로 일본만 세 차례 방문했으며, 6·25전쟁 중인 1953년 1월 자유중국 방문, 1954년 7월 미국 방문, 그리고 1958년 11월 월남 방문이 그것이다.

요즘은 정상외교가 매우 잦아졌지만 반세기 전만 해도 초청국이나 방문국 모두에게 범국가적인 행사였다. 특히 이승만 대통령의 미국 방문은 우리 대한민국 국가원수로서는 첫 미국 방문이었고, 더구나 방문 형식이 정상외교의 형태 중 가장 높은 격식의 의전이 따르는 국빈 방문(정상외교에는 국빈 방문 이외에 공식방문, 실무방문 등이 있음)이었다.

국빈 방문의 경우 통상적으로 21발의 예포 발사, 양국 국가 연주 등 공식 환영 행사, 국빈만찬(남자는 검정 혹은 흰색 나비넥타이와 연미복 착용), 의회 방문 및 연설, 정상 간 선물 교환, 양국 간 공연 등 문화

교류 행사가 수반된다. 그 때문에 적어도 방문이 시작되기 2~3개월 전부터 초청국과 방문국의 외교부와 공관에서는 방문 일정 등 세부 사항에 대해 준비하는 것이 보통이다.

그런데 이승만 대통령의 미국 국빈 방문의 경우, 준비 기간이 겨우 1개월 남짓밖에 되지 못했다. 물론 한미 양국 간에는 6·25전쟁 휴전 이후 1년 이상 방미에 관한 이야기가 오갔다. 그러나 실제로 이 대통령의 방미 의사가 미국 측에 전달된 것은 1954년 6월 15일 제네바 회의가 성과 없이 끝나고, 당시 회의에 참석했던 양유찬 주미 한국대사가 미국의 수도 워싱턴으로 귀임한 이후였다.

사정이 이러하니 준비 기간이 짧을 수밖에 없었다. 그러나 이승만 대통령과 경무대, 외무부, 그리고 주미한국대사관, 미 국무부는 한미 양국 간의 첫 국빈 방문 행사를 차분하고 철저하게 준비했다. 당시 주미한국대사관에서 실무를 총괄했던 한표욱 공사는 그때의 준비상황을 『이승만과 한미 외교』(1996)에서 다음과 같이 소개했다.

"당시 외무부가 업무를 총괄했으나, 모든 훈령은 거의 이 대통령이 직접 내렸다. 대통령 연설은 단어 하나하나를 경무대의 허락을 받아야만 했다. 대통령이 타고 올 비행기를 물색하고 교섭하는 문제도 쉽지 않았다. 우리도 대한민국항공사KNA가 있었으나, 비행기가 낡은 고물이었다. 미국은 최신형 공군기를 내줬다. 비행기는 100명이 탈 수 있었고 기내에서 서울과 교신할 수 있는 통신시설도 있었다."

사실 이승만은 외교, 특히 홍보에 있어서 대한민국은 물론 세계 어디에서도 찾아볼 수 없는 달인이었다. 망명 시절 40여 년간 그의 외교와 홍보활동은 접어 두고라도 1948년 7월 초대 대통령 취임사는 달인으로서의 탁월한 재능을 잘 증명해 주고 있다.

"과거 40년간 우리가 국제적으로 정당한 대우를 받지 못한 것은 세계 모든 나라가 우리와 접촉할 기회가 없었던 까닭입니다. 세계가 일본인들의 선전만을 듣고 우리를 판단해 왔지만, 지금부터는 우리가 우방들의 도움으로 우리 자리를 찾게 되었습니다."

"이제 우리가 우리말을 할 수 있고, 우리 일도 할 수 있습니다. 그러니 세계 모든 나라는 남의 말을 들어 우리를 판단하지 말고 우리가 하는 일을 보고 우리의 가치를 우리의 중량대로만 판정해 주도록 요청하는 바입니다."

"우리 정부와 민중은 해외 선전을 중요히 여겨서 자유와 평화를 사랑하는 각국 남녀에게 우리의 올바른 사정을 알려 줘야 합니다. 이렇게 서로 간에 양해를 얻어야 정의가 상통해 교제가 친밀해질 것이며, 이는 우리의 복리만 구함이 아니요, 세계 평화를 보장하는 것입니다."

당시 취임사에서 가장 강조됐던 부분이 바로 국가 홍보에 국민이 앞장서야 한다는 이 대목과 이에 앞서 나오는 외교에 관한 부분이다. 즉 국가 홍보와 외교가 외교관이나 특정인의 몫이 아니라 국민 전체의 책무라는 것이다.

이 취임사는 우리 국가 위상이 그때와는 비교할 수 없을 정도로 높아진 오늘, 아니 대한민국이 존속하는 한 우리 국민이 늘 되새겨 보고 실천에 옮겨야 할 명언으로 보인다.

방문 준비가 구체적으로 마무리돼 가자, 1954년 7월 14일 양국 정부는 이 대통령의 방미를 공식 발표했다. 대한민국 대통령의 국빈 방문에 대해 미국 언론은 큰 관심을 가졌다. 7월 15일 워싱턴포스트는 다음과 같이 보도했다.

"이승만 대통령이 다음 주에 미국을 국빈 방문한다고 7월 14일 주한미국대사관이 발표했다. 브리그스 대사는 토요일, 이 대통령 방미 준비를 돕기 위해 워싱턴으로 향할 예정이다. 이 대통령은 아이젠하워의 초청에 감사하지만, **이번 방미의 중요한 목적은 개인적인 관심사를 충족시키려는 것이 아니라, 한미 양국이 적에 대한 공동 조치에 합의하는 것**이라고 말했다. 그는 그런 합의가 이뤄지면, 전 세계에 자유라는 대의를 선양하는데 큰 진전이 있을 것이라고 덧붙였다."

이승만은 대통령에 취임하기 전에 40년 동안 미국에서 망명 생활을 했다. 그의 독립운동은 상상할 수 없을 만큼 힘들었다. 미국 대통령을 비롯해 여야 지도자와 미 국무부 인사들을 만나기 힘들었고, 국권을 잃은 국민으로서의 푸대접을 받을 만큼 받았다. 더구나 광복 이후 정부수립, 6·25전쟁과 휴전에 이르기까지 그에 대한 미국의 괄시는 심각했었다.

그러나 이 대통령은 그런 데에 주눅이 드는 위인이 아니었다. 비록 미국에 불가피하게 신세를 지고 원조는 받더라도 할 말은 하고, 할 일은 해 버리는 인물이었다.

좋은 사례의 하나가 반공포로 석방이다. 이승만은 미국이 자기 의사에 반해 6·25전쟁을 휴전으로 마무리하려 하자, 휴전 직전(1953년 6월 18일) 일방적으로 공산군 포로를 석방해 미국은 물론 전 세계를 놀라게 했다. 이는 죽음을 각오하지 않고는 할 수 없는 엄청난 일이었다.

그러나 그의 이런 행동은 막가파식의 만용이 아니었고, 철저히 계산된 외교와 홍보활동이었다. 그의 말과 행동에는 동양과 서양의 학문 및 교양을 두루 갖춘 당대 최고 지성인으로서의 자존심과 당당함이 바탕에 깔려있었다.

이승만은 4살 때 천자문을 3개월 만에 외는 신동이었다. 또 동양의 고전을 공부해 13살 때 과거시험에 처음 응시한 후 수년간 도전했다. 하지만 관직에의 길이 실력만으로 되지 않는다는 사실을 깨닫고는 과거시험을 포기하고, 1895년 20살의 나이에 영어와 서양 학문을 배우고자 배재학당에 들어갔다. 그곳에서 청년 이승만은 1) 정치적 자유라는 사상에 매료되고, 2) 국가의 상징인 태극기의 중요성에 대해서 배웠다.

그 후 조국의 개혁운동을 주도하다가 1899년 1월 고종황제 폐위 운동에 가담했다는 이유로 체포돼 모진 고문을 받고 종신형에 처해졌다. 놀라운 것은 그가 옥중에서 민중을 깨우쳐서 나라의 독립을 도모하기 위해 『독립정신』을 집필했다는 사실이다. 이 책은 옥중 동지인 박용만이 원고를 비밀리에 가지고 출옥하여 1904년 미국에서 출판했다.

이승만은 서문에서 러일전쟁 발발(1904년 2월 8일) 소식을 듣고 불의에 대해 격분하여 그간 하던 일을 끊고, 2월 19일부터 책을 집

필하기 시작했다고 적었다. 그리고 원고는 1904년 6월 29일 마무리되었다. 극히 열악한 환경에서 그는 141일 동안 대한의 장래에 관한 당대 최고의 계몽서를 집필한 것이다.

이승만은 『독립정신』의 서문에 다음과 같이 언급했다.

> "무릇 우리나라에서 중등中等 이상의 사람이나 어느 정도 한문을 안다는 사람은 거의 다 썩고 물이 들어서 바랄 것이 없다. 그들 주변 사람도 다 그 기운을 받아 마찬가지다. 내가 진정 바라는 바는 무식하고 천하며 어리고 약한 형제자매들이 가장 많이 이 책을 읽고 기운이 솟아 책에서 얻은 바를 실천하고 다른 사람들을 인도해주는 것이다."

또한 조선 민중이 서양 문물을 배워야 한다면서, 특히 서양인이 국기를 얼마나 소중하게 여기는지를 소개하고, 태극기를 사랑하고 소중하게 여기는 것이 애국의 핵심임을 역설한다.

> "국기를 소중하게 여길 줄 알아야 한다. 국기는 그 나라 국민과 영토를 대표하는 것이다. 우리는 태극기를 사랑하지 못했기 때문에 지금 원한이 맺히게 된 것을 깊이 깨달아야 한다. 우리 2천만 동포 중 1천9백9십9만9천9백9십9명 모두가 머리를 숙이거나 살해된 후라도, 나 하나는 태극기를 받들어 머리를 높이 들고 앞으로 나아가기를 맹세합시다! 한 걸음도 뒤로 물러서지 않고 나아갈 것을 각각 마음속에 맹세하고, 다시 맹세하고, 천만번 맹세합시다!"

다행히도 이승만은 5년 7개월간 옥살이 끝에 1904년 8월 석방되었다. 그리고 1904년 11월 미국행 배에 오른다. 그는 조지워싱턴대학교에서 학사, 하버드대학교에서 석사, 프린스턴대학교에서 박사 학위 등 전 과정을 놀랍게도 5년 만에 마쳤다.

이후 무려 35년간을 미국에서 조국 광복을 위해 헌신하다가 광복 후 귀국했다. 그리고 대한민국의 초대 대통령이 됐고, 귀국 후 9년 만에 국빈으로 초청받아 자신의 제2의 고향인 미국에 가게 됐다. 그는 워싱턴포스트의 보도대로 개인적 관심사를 충족시키기 위해서가 아니라, **"자유라는 대의를 선양"**하려고 미국에 간다는 자신감을 마음속에 품고 있었다. 그는 당당한 대한민국의 대통령이었다.

3

미국의 수도
워싱턴 도착

미국 워싱턴 공항에 도착,
"미국이 겁먹어 통일을 막았다"고
연설하는 이승만 대통령

3

미국의 수도
워싱턴 도착

1954년 7월 14일 이승만 대통령의 국빈 방문 공식 발표와 동시에 27명의 공식 수행원 명단이 공개됐다. 명단에는 손원일 국방부장관, 정일권 육군참모총장(대장), 김정렬 국방부장관 보좌관(중장), 김일환 육본관리부장(중장), 최덕신 육군작전기획부장(소장), 장건식 국방부 제5국장(대령) 등 국방부 관리들이 포함됐다.

군 요직이 이렇게 공식 수행원 명단에 다수 포함된 것은 이 대통령 방미의 중요한 목적이 한미 군사협력 강화와 미국의 군사원조 요청에 있었음을 보여 주고 있다. 즉 이 대통령은 제네바 회의의 결렬 후, 한반도 상황이 다시 악화되고 있으니, 한미 양국이 공산주의자들에게 군사적으로 강력히 대응하는 방안을 심도 있게 논의하고 싶어 했다.

1954년 7월 25일 소나기가 쏟아지던 날 오후 5시, 이 대통령 내외는 김포공항에서 환송식을 마치고, 미국 정부가 제공한 군용기 편으로 미국으로 향했다.

비행기는 일본에는 절대 들르지 않겠다는 이 대통령의 고집으로 알류샨 군도의 에이댁Adak 섬과 시애틀을 경유하여 7월 26일 오후 4시(미국 동부시간) 워싱턴 공항에 도착했다.

공항에는 사열대와 환영식장이 마련됐고 미국 정부를 대표해서 닉슨Richard Nixon, 1913~1994, 1968~1975: 대통령 역임 부통령 내외, 존 덜레스 국무부장관 내외, 래드포드Arthur W. Radford, 1896~1973 합참의장 내외, 리지웨이Matthew B. Ridgway, 1895~1993 육군참모총장 내외 등이 도열해 있었다. 또한 한복을 입은 재미동포 100여 명도 태극기를 들고 기다리고 있었다.

이승만 대통령이 79세의 노인답지 않은 당당한 걸음으로 트랩을 내려오자, 동포들은 태극기를 흔들고 만세를 외치기 시작했다.

미국 워싱턴 공항 도착

이 대통령은 닉슨 부통령 내외 등 미국 측 환영 인사들과 악수한 후, 동포들에게 가서 다정하게 손을 잡았다. 21발의 예포가 울리고, 미군 군악대가 애국가와 미국 국가를 연주하는 동안 모두가 차렷 자세로 서 있었다.

통일을 막은 미국 사람들에게 공항에서 선전포고

이어서 이승만 대통령은 닉슨 부통령의 안내로 미국 육해공군 의장대를 사열했다. 그 후 행사장에 마련된 연단에서 그는 닉슨의 간단한 환영사에 이어 답사 형식으로 도착 인사를 했다. 당초 이 대통령은 짤막한 인사를 준비했으나 제쳐놓고, 무려 15분 동안이나 즉흥 연설했다.

그렇게 오래 연설했는데도 그간 국내에는 그 내용이 무엇인지 거의 알려지지 않았다. 공보처에서 발간한 국문 책자 「이 대통령 각하 방미 수행기」(1955)도 마찬가지다. 다만, 영문 책자 「President Syngman Rhee's Journey to America」에는 다음과 같은 기록이 보인다.

"President Rhee said that American 'cold feel' prevented the reunification of Korea during the fighting, but God Almighty will see to it that we shall carry out our program."

이 문장을 번역하자면 이렇다.

"이 대통령은 도착 연설에서 미국의 'cold feel'이 6·25전쟁에서 한반도 통일을 막았지만, 전지전능한 신은 우리의 계획이 기필코 성취되도록 해 주실 것이라고 말했다."

이 문장에서 'cold feel'이라는 단어는 분명 'cold feet'의 오타다. 'cold feet'란 겁을 먹는다는 뜻이다. 즉, 이승만 대통령은 미국이 겁을 먹어 한반도 통일을 막았다는 얘기를 한 것이다. 그런데 공보처가 그런 중대한 오타를 내다니 이해가 되지 않는다.

공보처의 영문 책자에 등장하는 'cold feel'이 오타라는 것은 그때 공항에 있었던 로버트 올리버 박사의 저서 『Syngman Rhee and American Involvement in Korea, 1942~1960』이승만과 미국의 한반도 개입에서도 알 수 있다.

그는 **"미국이 겁을 먹어**American cold feet **한반도 통일을 여태껏 막았다"**라고 이 대통령의 발언을 소개하면서, "그가 싸우려는 마음을 갖고 왔다"고 평가했다. 동시에 "닉슨 부통령이 이승만 박사의 뜻하지 않은 비판적인 발언에 당황했다"고 적었다.

그러나 올리버도 당시의 상황을 제대로 파악하지 못했던 것 같다. 이날 공항에는 다수의 기자가 있었다. 이들 중, 워싱턴포스트의 에드워드 폴리아드Edward Foliard 기자는 그때의 분위기를 매우 상세하고 정확하게 꿰뚫고 있었다. 1954년 7월 27일자 워싱턴포스트의 1면에 대문짝만하게 실린 그의 기사 내용을 보기로 하자.

"보통 외국의 국가원수가 워싱턴에 도착하면 외교적인 어투로 사랑의 밀어를 말하는 것이 보통이다. 이승만 박사도 그런 선에서 도착 인사를 준비했을 것이다. 그러나 닉슨의 환영사에 이어 마이크 앞에 선 이승만은 준비된 이야기를 하지 않고 그의 마음속에 있는 말들을 쏟아내기 시작했다.

그는 미국인들이 한국을 어떻게 구해줬는지, 그리고 공산주의자들의 남침야욕이 어떻게 좌절됐는지를 우선 설명했다. 그다음 다음과 같이 말했다.

'만약에 우리가 조금만 더 용기가 있었더라면 압록강까지 차지할 수 있었습니다. 적어도 우리는 한반도 통일에 대해서 걱정할 필요가 없었습니다. 그러나 미국의 일부 사람들이 조금 겁을 먹어a little cold feet **우리는 다 차려 놓은 밥상을 차지할 수 없었습니다. 그때가 한국, 미국, 유엔, 그리고 모든 자유국가에 절호의 기회였는데 놓친 것입니다. 그러나 전지전능하신 하느님은 확실한 승리를 위한 우리의 계획이 기필코 성취되도록 보살펴 주실 것입니다.'**

이 박사는 낮은 목소리로 연설해서 그의 음성은 비행기 엔진의 소음 속에 묻혀 버렸다. 그 때문에 닉슨 부통령, 덜레스 국무부장관, 그리고 다른 고위인사들은 그의 연설을 거의 들을 수 없었다. 그러나 스피커 앞에 있던 기자들은 그의 발언을 대부분 알아들을 수 있었다. 이 박사는 기대했던 것보다 상당히 오랫동안 연설했기 때문에 백악관 도착이 늦어질 수밖에 없었다."

워싱턴포스트의 기사가 올리버 박사보다 더 정확해 보인다. 공항에서 이승만 대통령은 겁을 먹어 한반도 통일을 막았던 아이젠하워를 비롯한 미국인들과 싸움을 하겠다는 선전포고를 한 것이다.

실제로 아이젠하워 대통령이나 덜레스 국무부장관 등 미 행정부는 이승만 대통령이 휴전에 반대하고, 어떻게든 한반도 통일을 달성하겠다고 주장하며, 전후 복구를 위해 더 많은 경제지원을 해

주도록 요청하는 데 대해서 골치 아파하고 거부감을 갖고 있었다.

이 대통령은 미국 정부의 이런 분위기에 굴복하거나 화해를 통해 실질적인 이득을 취하려는 얄팍한 술수를 부리지 않았다. 그는 도착하자마자 공산주의의 전략에 말려든 아이젠하워 행정부의 세계 정책에 대해 공개적으로 신랄한 공격을 퍼부었다.

여기서 우리는 이승만 대통령의 미국 방문 목적을 엿볼 수 있다. 그는 미 행정부의 유약한 태도에 대한 투쟁을 선언하고, 미국의 여론에 공산주의자들과의 거룩한 전쟁을 호소해 보려고 했던 것이다.

미국의 수도 워싱턴은 외국의 국빈이 방문하는 경우 백·청·적색의 끈이 매여 있는 놋쇠에 금도금한 열쇠를 선물한다. 전달 방식은 시청 앞에 환영식장을 마련하고, 시장이 국빈에게 직접 전하는 것이 보통이다. 그러나 이승만 대통령의 경우는 달랐다. 1954년 7월 26일 사무엘 스펜서 워싱턴 시장이 공항으로 와서 이 대통령에게 열쇠를 증정했다.

열쇠를 받은 이 대통령은 미소를 지으며 **"내가 이 열쇠를 들고 있는 한 워싱턴으로 들어갈 때 나를 막는 사람은 없겠구먼. 내가 최대한 빨리 시내로 차를 타고 들어갈 테니 따라올 테면 따라와 봐. 아무도 나를 못 잡을 거야"**라고 말하고는 열쇠를 손으로 흔들어 보이며 마치 어린아이같이 즐거워했다.

이윽고 이승만 대통령과 닉슨 부통령, 래드포드 미 합참의장이 탄 제1호 리무진과 퍼스트레이디 프란체스카 여사와 닉슨 부통령의 부인이 탄 제2호 리무진 등 자동차 행렬이 워싱턴 시내로 향했다. 차량 행렬은 메모리얼 브리지, 링컨기념관을 지나 수많은 인파가 양국 국기를 흔들며 환영하는 가운데 23번가와 펜실베이니아 거리를 지나 백악관 서북문을 통해 백악관 안으로 들어섰다.

4

백악관 도착과
국빈만찬

백악관에서
이승만 대통령을 영접하는
아이젠하워 대통령

4

백악관 도착과
국빈만찬

이승만 대통령 일행이 도착하자 아이젠하워 대통령은 백악관 건물 계단에서 내려와 차에서 내리는 이승만 대통령을 영접해 계단을 다시 올라가 그의 부인에게 소개했다. 이어 아이젠하워는 다시 계단을 내려가 프란체스카 여사를 마중했다.

이날 이승만 대통령 내외는 백악관에서 잠시 휴식을 취한 후, 저녁 8시 20분, 아이젠하워 대통령 내외가 베푸는 국빈만찬에 참석했다. 아이젠하워 대통령 내외는 공산 침략에 맞서 싸운 이 대통령과 한국 국민에게 존경과 경의의 표시로 성대한 만찬을 마련했다.

만찬회는 백악관의 국빈 연회장에서 개최됐다. 연회장은 약 150명이 함께 만찬을 즐길 수 있는 고전적 향취가 물씬 풍기는 곳이다. 이날 만찬회 참석자 수는 통상적인 백악관의 국빈만찬 참석자 수보다 적은 60명이었다.

한국 측은 이 대통령 내외를 비롯해 최순주 국회부의장, 정일권 육군참모총장, 양유찬 주미한국대사, 임병직 주유엔 한국대사, 백

프란체스카 여사를 영접하는 아이젠하워 대통령

두진 경제조정관 등이 참석했다.

　미국 측은 아이젠하워 대통령 내외를 비롯해 닉슨 부통령, 조셉 마틴 연방하원의장, 덜레스 국무부장관 내외, 조지 험프리 재무장관 내외, 찰스 윌슨 국방부장관, 로버트 앤더슨 국방차관 내외, 래드포드 합참의장 내외, 밴 플리트 장군 내외, 스펠만 추기경, 주한 미 제8군사령관 맥스웰 테일러 부인, 엘리스 브리그스 주한미국대사 등이 참석했다.

만찬회는 아이젠하워 대통령의 환영사로 시작됐다.

"오늘 이 자리에 계신 분들 중에서 이 대통령님이 우리나라를 방문해 주시고, 만찬에 참석해 주신 것을 영광스럽다고 느끼지 않는 분은 없을 것으로 확신합니다. 이렇게 자랑스럽고 영광스러운 이유를 찾기는 어렵지 않다고 봅니다.

잠시 여러분과 함께 내가 참모 대학 시절에 들었던 강의를 회고해 보고자 하오니, 바라건대 만찬 진행을 방해하는 죄를 짓는 행위로 간주하지는 말아 주셨으면 합니다.

당시 강사는 삶의 기본적인 특성은 변화라고 했습니다. 그는 전쟁에 관한 얘기를 하고 있었으므로 군인이 전쟁에서 고려해야 하는 변화 요인들에 대해서 말했던 것입니다. 전쟁에서 수송 수단, 사용 무기, 물자 공급 방법 등, 우리가 하는 모든 것은 항상 변한다는 사실입니다. 소위 문명국가들 사이에서 통용되는 규칙들도 마찬가지입니다.

그런데 그는 예측 불가능하고, 전적으로 의존할 수도, 신뢰할 수도 없지만, 변치 않는 단 하나의 요소가 있다고 했습니다. 그것은 바로 인간의 본성이라고 하더군요. 즉, 용기·희생정신 등은 언제나 찬양받고, 사악함·이기주의 등은 항상 경멸당한다는 겁니다.

그러므로 나는 야수적인 공격으로 시련과 고통을 당하면서도 용기를 갖고 투쟁해온 한국 국민에 대해서, 또한 이 대통령님에 대해서 우리가 자부심을 느끼고 있다고 말씀드리고 싶습니다. 그리고 우리가 자랑거리로 생각하는 것도 있습니다. 그것은 미국인들이 북쪽의 침략자들을 물리치기 위해 용감한 한국인들의 편에 서서 싸웠다는 사실입니다.

자랑스러운 한국 국민의 용기를 위하여, 한국의 번영과 미래의 행복을 위하여, 이 대통령님의 이름으로 축배를 제안합니다."

이어 이승만 대통령이 답사에 나섰다. 그는 아이젠하워의 연설에 대해 즉각적인 반응을 보이지 않고, 6·25전쟁에서 보여 준 미국의 지원에 대해 아래와 같이 고마움을 표시했다.

"오늘 밤 한국을 위해서 이같이 영광스러운 자리가 마련된 데 대해 본인 개인적으로나 우리 국민의 감회는 이루 말로 표현할 수 없을 정도로 벅찹니다. 친구들이여, 이 자리에 있는 우리 일행이나 한국에 있는 우리 국민의 가슴속에는 여러분과 미국 정부 그리고 미국 국민에게 고마움과 감사의 마음이 넘치고 있다는 것을 알아 줬으면 합니다.

여러분은 한국 국민의 용감성에 대해서 말들을 합니다. 한국 군 장병들, 물론 용감합니다. 또한 우리는 하느님께 감사합니다. 우리는 우리 영토가 외래 공산군에게 점령돼있는 한 최후까지 싸울 것입니다. 육해공군의 장병들뿐만이 아니라, 남녀 또는 지위의 상하를 막론하고 우리는 공산 침략군을 우리 땅에서 몰아내고 나라를 통일하지 않으면 살 수 없다는 점에서 모두가 한마음이 되어 있습니다.

바로 이런 정신이 한국을 아시아 최대의 반공 방위력을 자랑하는 군대를 갖도록 했습니다. 한국군 장병들은 왜 그렇게 용감한 것일까요? 왜 그들은 기꺼이 목숨을 던질 각오가 돼 있을까요? 그들은 거의 40년간 외부의 통치를 받았습니다. 그들은 외래의 군국주의 통치하에 산다는 것이 얼마나 끔찍한 것인지를 경험했습니다.

그것이 그들에게 확신을 심어 주었던 것입니다. 독립해서 우리 정부를 갖지 않고는 우리 생명이 우리 것이 아니요, 자유를 가진 것도 아니라는 확신을 말입니다. 바로 헨리 패트릭이 노예로 사느니 차라리 죽음을 달라고 말한 것처럼 말입니다.

한국인들은 놀라운 투쟁 정신을 가졌으며, 모두가 틀림없이 놀라운 병사들이지만. 여러분의 원조가 없었다면 사정은 매우 달라졌을 것입니다. 다행히도 여러분의 장병들이 한국에 와서 그들을 훈련을 시키고 감투 정신과 사기를 높여줬으며, 무기까지 줬습니다.

여러분의 원조가 그들에게 어떤 성과를 이뤄 놓았는지 아시나요? 내가 일선을 시찰할 때면, 그들은 모두 기립해 나를 맞이합니다. 모든 장병은 머리끝에서 발끝까지 모두 미국 제품으로 무장했습니다. 바로 이것이 한국의 젊은이들을 강력한 병사로 만들어 놓았습니다."

이날 밤, 아이젠하워 대통령은 이승만 대통령과 프란체스카 여사가 백악관에서 머물도록 각별히 배려했다. 수행원들은 영빈관인 블레어 하우스와 헤이-애덤스 호텔에 나뉘어 투숙했다. 특히 아이젠하워는 이승만 대통령 내외에게 링컨 대통령이 사용하던 침대에 잠자리를 마련해 줬다.

5

제1차
한미 정상회담

이승만 대통령 내외와
아이젠하워 대통령 가족

5
제1차
한미 정상회담

링컨 대통령이 사용하던 침대에서 1박을 한 이승만 대통령 내외는 1954년 7월 27일 아침 9시, 아이젠하워 내외와 손자 손녀들의 전송을 받으며 숙소를 영빈관(블레어 하우스)으로 옮기기 위해 백악관을 나섰다. 이 대통령 내외가 영빈관에 도착한 것은 9시 15분이었다. 30분간 휴식을 취한 이 대통령은 정상회담을 하기 위해 다시 인근의 백악관으로 향했다.

역사상 최초의 한미 정상회담에 임하는 이승만 대통령의 감회는 남달랐다. 이 대통령은 꼭 50년 전인 1904년, 30세의 나이로 미국행 배를 탔다. 고종 황제의 밀서를 시어도어 루스벨트 대통령에게 전달하기 위해서다. 이후 40년간 미국에서 망명하면서 미국 대통령은 고사하고 각료급 인사와의 접촉도 힘들었다.

그러나 이제 대한민국의 대통령으로서 미국 대통령과 처음으로 공식 대좌를 하게 된 것이다. 1952년 12월 이 대통령은 아이젠하워와 한국에서 만난 적이 있었다. 그러나 아이젠하워는 당시 대통령 당선인 신분이었고, 둘 사이의 만남은 휴전에 관한 입장의 차이로 매끄럽지 못했다.

그런데 1953년 7월 27일 휴전이 성립되고 제네바 회의가 성과 없이 끝나자, 이승만 대통령은 미국 정치지도자들, 특히 군인 출신답지 않게 유화론자인 아이젠하워 대통령에게 할 말이 많았다.

1954년 7월 27일 오전 10시, 이승만은 백악관 회의실에 도착했다. 역사적인 정상회담을 한다는 것은 흐뭇했지만, 자신과 스타일이 너무 다르고, 해맑은 웃음을 빼고는 인상이 별로 좋아 보이지 않는 아이젠하워와 마주 앉는 것이 그리 즐겁지는 않았다.

우리 측에서는 손원일 국방부장관, 백두진 경제조정관, 양유찬 대사, 정일권 육군참모총장이 배석했고, 미국 측에서는 덜레스 국무부장관, 윌슨 국방부장관, 브리그스 주한미국대사, 타일러 우드 경제조정관 등이 배석했다.

한미 양국 대표가 백악관 회의실의 타원형 테이블에 마주 앉자, 이승만 대통령이 먼저 말문을 열었다.

"제네바 회의가 예상대로 실패로 돌아갔습니다. 앞으로 어떤 수를 써서라도 북한에 주둔하고 있는 100만 명의 중공군을 철수시켜야 합니다. 늦기는 했지만, 미국의 유럽 중심 세계 전략을 이제라도 수정하는 것이 현명합니다. 지금은 아시아의 안보에 대한 배려가 절실한 시점입니다."

이렇게 미국의 세계 전략의 부당성을 지적한 이 대통령은 이어서 한국에 대한 미국의 군사 및 경제원조를 역설했다.

아이젠하워 대통령은 이승만 대통령의 발언에 대해 구체적으로 답변하는 것이 아니라, "모든 문제는 평화적으로 해결하는 것이 좋습니다"라는 말을 여러 차례 반복함으로써 이 대통령의 입장에 대해 유보적인 태도를 견지했다.

이어 아이젠하워가 화제를 한일 국교 정상화 문제로 넘기자, 이승만 대통령은 화난 어조로 언성을 높여 신랄하게 따졌다.

"한일회담의 일본 수석대표 구보다라는 자가 일본의 한국 통치가 유익했다고 말하는데, 당신네는 알고 있소? 이런 성의 없는 자들과 어떻게 국교를 정상화하라는 말이오?"

회의장의 분위기가 긴장되고 무거워지자, 아이젠하워는 덜레스 국무부장관에게 사실 여부를 확인했다. 덜레스는 즉시 구보다의 망언으로 한일회담이 결렬됐다고 보고했다.

여기서 잠시 구보다 발언의 내용이 무엇인지를 짚고 넘어가는 것이 좋겠다. 1953년 10월 15일 개최된 제3차 한일회담 재산청구권분과위원회 제2차 회의에서 일본 측 수석대표였던 구보다 간이치의 발언은 예나 지금이나 한일관계 전반에 대한 일본인들의 시각을 잘 대변하기 때문이다. 이 회담에서 구보다는 다음과 같이 말했다.

"한국 측에서 대일청구권을 주장한다면, 일본으로서도 대한청구권을 주장할 수 있다. 일본은 조선의 철도나 항만을 만들고, 농지를 조성했으며, 대장성(일제의 재정, 금융 담당 부서)이 당시 매년 많은 돈을 냈는데 많게는 2,000만 엔을 내놓은 해도 있었다. 이것들을 돌려달라고 주장해서 일본 측의 대한청구권과 한국 측의 대일청구권과 상쇄하면 되지 않겠는가? 개인적인 의견이지만, 내가 외교사 연구를 한 바에 따르면, 당시 일본은 한국에 가지 않았다면 중국이나 러시아가 들어갔을지도 모른다."

미국의 세계 정책에 대한 이승만 대통령의 비판에 이어, 한일 국교 정상화에 대한 미국 측의 입장과 우리 측의 입장 간에 현격한 차이를 보인 제1차 한미 정상회담은 별다른 소득 없이 1시간 반 만에 폐회됐다. 역사적인 회담이었지만 회담에 임하는 양국 간, 아니 양국 지도자 사이에 말로 표현하기 어려운 거리감이 존재했기 때문이다.

참고로 이 회담에 참석했던 '대한민국 해군의 아버지'로 불리는 손원일 국방부장관의 홍보에 대한 열정을 잠시 소개하고자 한다.

　손원일 장관은 이승만 대통령을 수행해 미국 방문을 끝낸 지 2개월 만에 『방미―리승만 대통령 연설집』(1954년)이라는 책을 국방부 명의로 발간했다. 공보처에서 『President Syngman Rhee's Journey to America』와 『이 대통령 각하 방미 수행기』를 각각 영문과 국문으로 발간하기 수개월 전이다. 아이러니컬하게도 대한민국 대통령의 해외순방 기록을 최초로 남긴 정부 기관은 홍보를 관장하던 공보처가 아니라 국방부였다.

이 책의 머리말에 손 장관은 다음과 같이 적었다.

　"이승만 대통령이 미국을 방문한 목적은 우리 국민과 약소 민족의 목소리를 호소함으로써 공산 진영에 양보에 양보를 거듭하는 자유 진영의 새로운 각성을 촉구함이었다. 이 연설문집을 간행하는 목적은 이승만 대통령의 연설을 통해서 우리 스스로 그분의 목소리를 다시금 상기하며, 조국 통일을 싸워서 얻어 내기 위해 더욱더 분발하자는 데 있다."

특히, 『방미—리승만 대통령 연설집』은 제목처럼 연설문과 사진만을 수록했지만, 공보처에서 발간된 책자에는 보이지 않는 귀중한 자료인 '한미 공동성명'과 '중립감시위원회 철수 요구에 대한 성명서'를 국문과 영문으로 수록했다.

손원일 장관이 이렇게 공보처보다 연설문집을 먼저 만든 데에는 나름대로 이유가 있었던 것 같다. 그는 단순히 대통령을 수행만하지 않았다. 오히려 한미 정상회담에서 한국 측 의제를 마련해 이승만 대통령에게 보고하는 등 대통령의 방미와 관련 핵심적인 역할을 수행했던 것이다.

6

덜레스 국무부장관과
회담 및 만찬회

이승만 대통령과
덜레스 국무부장관 회담

6

덜레스 국무부장관과
회담 및 만찬회

미 국무부장관과의 회담

1954년 7월 27일 오전 11시 30분, 아이젠하워와의 역사적인 제1차 한미 정상회담을 마친 이승만 대통령은 영빈관으로 돌아와 과거 워싱턴에서 독립운동을 할 때 만났던 인사들을 접견하고 오찬을 함께 했다. 오후 2시에는 미 국무부로 가서 덜레스 국무부장관과 회담했다.

덜레스는 1953년 아이젠하워 대통령 취임과 동시에 국무부장관으로 발탁돼 1959년 대장암으로 사망할 때까지 아이젠하워로부터 가장 신임 받는 각료였다. 공산주의를 혐오했던 그는 상대를 설득하고 여론을 주도해 나가는 강인한 성격의 소유자였으며, 국제법률가로서 조약의 가치를 신뢰했던 인물이다.

덜레스의 외교정책은 공산주의에 대한 혐오와 적대감이 바탕에 깔려있었다. 이는 "소련의 그 어떠한 침략에 대해서도 미국은 '대량 핵 보복'으로 응수할 것"이라는 그의 발언에 잘 드러나 있다.

덜레스 장관은 이승만 대통령과의 회담에서도 일방적으로 미국의 세계 전략, 대한국정책을 설명했다. 무엇보다도 그는 자유 진영의 집단안전보장 체제 확립의 필요성을 강조했다.

덜레스는 북대서양조약기구NATO, 중앙조약기구CENTO, 중동에서의 대소련군사조약기구, 앤저스ANZUS: 호주·뉴질랜드·미국 간의 공동방위기구 등을 예로 들면서 동북아시아에도 이들과 유사한 기구를 만드는 것이 좋겠다고 제안했다. 구체적으로 말하자면, 일본까지 포함하는 태평양·아시아조약기구PATO를 염두에 둔 발언이었다.

덜레스의 얘기를 경청하던 이승만 대통령은 태평양·아시아조약기구 얘기를 듣고는 즉각 반대 의사를 표명했다. 이 대통령은 일본이 개입하는 집단안보 체제는 극히 위험한 발상이라면서, 일본이 한국에 발을 다시 들이는 것은 한국의 독립을 위태롭게 한다는 점을 분명히 했다. 이승만은 덜레스보다도 더 반공적인 인물이었지만, 우리를 침탈하여 근대화를 지연시켰던 일본인을 훨씬 더 혐오했다.

6·25전쟁 초기에 우리의 전세가 불리했을 때, 미군 고위인사들 사이에 일본인을 투입하면 어떻겠느냐는 견해가 대두됐다. 이 소문을 들은 이 대통령은 노발대발하면서 **"만일 일본인이 단 1명이라도 우리 땅에 발을 디디면 한국군은 북한과 중공군을 향하고 있던 총부리를 일본인에 돌리게 될 것이다"**라고 말했다고 한다.

덜레스도 물론, 이승만 대통령의 이 같은 대일본 강경 자세를 잘 알고 있었다. 그래서 얼른 말꼬리를 돌려서 미국의 핵 우위를 강조하는 발언을 쏟아냈다. 그러나 이 대통령의 불편한 심기는 가라앉지 않았다.

덜레스 국무부장관 주최 만찬회

1954년 7월 27일 저녁 8시, 덜레스 국무부장관 내외는 이승만 대통령 내외를 비롯한 우리 공식 수행원들을 위한 만찬을 베풀었다. 만찬회에는 우리 측 인사 이외에 미국 각료, 상하원 의원, 이승만 대통령과 각별한 친분관계에 있는 스펠만 추기경, 미군 장성, 언론사 발행인, 국무부 또는 국방부 고위관리 50여 명이 초대됐다.

만찬 행사는 앤더슨 하우스Anderson House에서 개최됐다. 앤더

이승만 대통령 내외와 덜레스 장관 내외

슨 하우스는 워싱턴 중심부인 듀퐁 서클에 위치한 미국과 이탈리아의 건축양식이 조화를 이룬 고색창연한 건물이다. 이 건물은 신시내티협회The Society of Cincinnati 소유의 건물이며, 1905년 완공된 이후 주로 외교적인 사교 모임에 이용되고 있다.

1783년 미국 독립전쟁의 이상과 동지애를 기리기 위해 발족한 신시내티협회는 미국과 프랑스의 저명인사들이 회원으로 참여하고 있으며, 이른바 노블레스 오블리주를 대표하는 사교 모임의 하나다.

덜레스는 이날 오후 회의에서 서먹했던 이승만 대통령과의 관계를 만찬회에서 화해의 분위기로 일신하고자 나름대로 노력했다. 덜레스는 이승만 대통령을 참석자들에게 소개하면서, 다음과 같은 멘트를 덧붙였다.

> "연로하신 대통령님께서 미국을 방문하시면 어떻게 기쁘게 해드릴까 나름대로 궁리했습니다. 좋은 방법이 없던 차에 문득 지난해 저희에게 보내 주신 반달곰 한 쌍이 현재 워싱턴 국립동물원에 있는데, 녀석들을 백악관에 데려다 보여드리면 좋겠다는 아이디어가 떠올랐습니다. 그러나 동물원에 확인하니 그간 너무 커서 불가능하다더군요. 아무튼, 이 녀석들처럼 대통령님도 연세가 드셔도 원기가 왕성하시니, 참 기쁩니다."

이 말은 들은 이 대통령은 즉각 응수했다.

> **"내가 기증한 곰들을 기억해 주니 고맙습니다. 그런데 어떡하죠? 나도 지금 동물원의 우리 안에 들어 있는 곰과 같이 행동의 자유**

가 없는 것을 느낄 때가 자주 있답니다. 미국 정부와 정치지도자들에게는 공산 침략자들에 대해 더욱 단호하고 적극적인 전략과 방침이 필요합니다."

이 대통령의 발언으로 장내에는 폭소가 터졌다. 그는 대한민국 대통령으로서 자신의 방식대로 통일을 이루지 못하는 답답하고 안타까운 심정을 기발하게 화답하고, 미국의 대공산 정책을 따끔한 말로 비판하는 놀라운 지혜의 소유자였다.

이승만 대통령의 반달곰 기증에 얽힌 사연

이야기가 나온 김에 반달곰에 대한 사연을 짚고 넘어가는 것이 좋겠다. 1953년 초, 국군 장병들이 강원도에서 가슴에 하얀색 V자가 새겨진 반달곰 한 쌍을 포획해 이승만 대통령에게 선물했다. 그는 수개월 곰을 키우다가 문득 주미한국대사관으로 전문을 보냈다. 워싱턴 국립동물원장에게 곰 기증 의사를 전달하고 결과를 보고하라는 것이었다.

워싱턴 국립동물원장 윌리엄 맨William M. Mann, 1886~1960 박사는 이 대통령과 막역한 사이였다. 워싱턴 망명 시절, 이승만은 자신이 살던 집 바로 인근의 동물원을 자주 찾았고 맨 박사와 사귀었다. 사교의 달인으로서의 그의 면모는 대한민국 대통령으로 취임한 지 1년 후 나타난다.

1949년, 우리 어부로부터 나이가 수백 년이나 되는 거북이를 선물로 받은 이 대통령은 주미한국대사관을 통해 맨 박사에게 그 사육 방법을 물어봤다. 그런데 그렇게 거대한 거북이는 사육할 방법이 없다는 말을 듣고 거북이를 방류한 적이 있다.

이후 4년 만에 다시 이승만은 맨 박사에게 반달곰 기증 의사를 전달했고, 맨 박사는 이를 쾌히 수락했다. 1953년 6월, 이승만은 사랑했던 곰들을 워싱턴으로 보냈다. 곰을 미국에 데리고 간 인물은 당시 대통령 경무대 경찰서장(현 경호실장) 곽영주였다. 미국 언론은 콜라를 잘 마시는 반달곰 두 마리에게 큰 관심을 보였다.

이승만 대통령이 곰을 미국에 보낸 이유는 곰의 가슴에 새겨진 V자를 강조해 한국 국민의 결사 항전 의지를 미국인들에게 과시하고 싶었다고 한다. 그러나 한 쌍의 반달곰이 워싱턴 동물원에 들어간 지 꼭 1개월 만에 6·25전쟁은 이승만이 그렇게도 반대했던 휴전으로 총성이 멎었다.

7

미 의회 연설과
그 파장

이승만 대통령의
미 의회 연설

7
미 의회 연설과
그 파장

"중국의 자유화를 위한 중대한 결단 필요"

외국 국가원수가 미국을 국빈 방문할 경우 중요한 일정으로는 정상회담, 국빈만찬, 미 의회 연설 등을 꼽을 수 있다. 그런데 이승만 대통령은 의회 연설에 남다른 집착을 보였다. 그도 그럴 것이 유화적인 아이젠하워와의 정상회담을 통해서는 결코 자신이 원하는 한반도 통일과 중국의 자유화를 기대할 수 없다고 판단했기 때문이다.

이승만의 의회 연설에는 영어 통역이 필요 없었다. 그는 미국 최고 지성인 못지않은 영어 실력을 갖추고 있었다. 또한 그는 망명 시절부터 중요하다고 생각되는 연설문은 자신의 타자기로 직접 작성했다. 그러니 그가 가장 중요하게 생각했던 의회 연설문은 얼마나 공들여 작성했겠는가?

이 대통령의 외교고문 로버트 올리버 박사는 『Syngman Rhee and American Involvement in Korea, 1942~1960』이승만과 미국

의 한반도 개입라는 책에 당시의 상황을 다음과 같이 기술했다.

"이승만 대통령이 미국에 도착한 후, 내가 처음으로 그와 직접 대화를 나눈 것은 (의회 연설 하루 전인) 1954년 7월 27일 오후였다. 연설문이 몹시 궁금해 이 대통령에게 초안을 주면 검토해 드리겠다고 제안했다. 마침 그가 앉은 의자 옆의 바닥에 서류 가방이 놓여 있기에 나는 그곳으로 몸을 움직였다.

그러자 이 대통령은 재빨리 가방 위에 손을 얹으며 고개를 저었다. 나는 채근했다. '제발 훑어보게 해 주십시오. 다시 쓰려는 것이 아니라, 제가 혹시 작은 부분이라도 바꿀 수 있지 않을까 해서입니다.' **'아니, 안 됩니다.'** 이 대통령은 단호하게 말했다. **'싫소이다. 난 휴전에 대한 내 생각을 말하려고 미국에 온 것입니다. 내 생각을 내 방식대로 말하렵니다. 당신은 내가 (미국을) 할퀼까 봐 내 손발톱을 손질하고 싶은 모양인데, 그렇게는 안 되오.'**

그는 서류 가방을 집어 들어 가슴에 끌어안으며 말했다. **'의회에서의 담화는 나 자신의 것입니다. 거기에는 내가 아주 특별히 하고 싶은 말이 담겨 있으며, 나는 내 방식대로 그 말을 정확하게 전달하려고 합니다.'** 나는 망설였다가 다시 한번 연설 초안을 보려고 시도했으나, 그는 요지부동이었다."

이승만 대통령은 미 의회 연설 당일인 7월 28일 오전, 다른 일정을 일절 잡지 않고 연설문을 가다듬었다고 한다. 그는 대한민국 초대 대통령으로 미 의회에서 최초로 연설한다는 역사적인 의미를 잘 알고 있었다. 동시에 그는 그 영어 연설이 미 상하원 의원들은 물론, 언론을 통해서 미국 여론에 어떤 반향을 불러일으키게 될지 무척 궁금해하고 있었다.

그날 오후, 워싱턴의 미 의사당 대회의실은 분주했다. 다수의 사진기·조명등이 설치되고 상하원 의원 및 이날 행사에 특별히 초청받은 각료, 대법원장을 비롯한 법관, 외교사절 등을 위한 의자가 추가로 반입됐다.

미국과 전 세계 기자들을 위해 2층에 취재석이 마련됐고, 오후 4시가 조금 넘어 이 대통령의 연설문이 등사(당시는 복사기가 발명되긴 했으나 널리 실용되지 못하던 시절이었음)돼 기자들에게 배포됐다. 방청석은 일반인의 출입이 통제되고 특별 입장권을 소지한 방청객 좌석만 마련됐다.

이승만 대통령이 대회의실에 도착한 것은 오후 4시 32분이었다. 윌리엄 노올랜드William F. Knowland, 1908~1974 미 공화당 상원 원내대표의 안내로 이 대통령이 회의장에 들어서자 박수가 터져 나왔다.

이때 의정 단상에 앉아 있던 닉슨 부통령 겸 상원의장, 조셉 마틴Joseph William Martin, Jr. 1884~1964 하원의장이 일어섰고, 마틴이 의사봉을 세 번 두들기자, 회의실 내의 모두가 기립해 우레와 같은 박수를 보냈다.

이윽고 이 대통령이 연단으로 안내됐으며, 마틴 의장이 "미국 국민이 진심으로 존경하는 자유를 위한 불굴의 투쟁가를 여러분께 소개하게 된 것을 무한한 영광으로 생각합니다"라는 소개말을 하자, 다시 의사당에는 열띤 환호의 분위기가 조성됐다.

장내가 잠잠해지자 이 대통령은 마틴에게 간단히 감사를 표하고 나지막한 소리로 연설을 시작했다. 이승만 대통령의 이 역사적인 연설 전문全文을 소개한다.

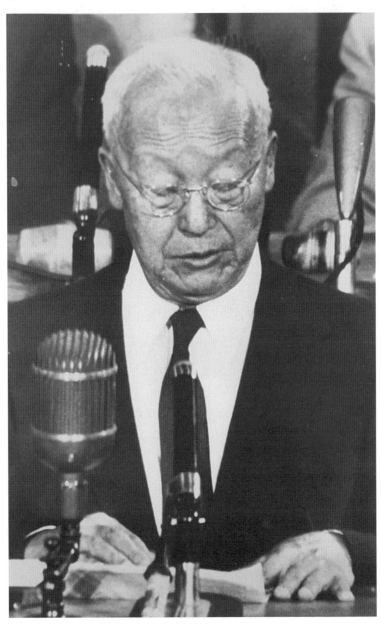

이승만 대통령의 미 의회 연설

미 의회 연설전문

하원의장, 상원의장, 상원과 하원 의원, 신사 숙녀 여러분!
저명한 미국 시민들이 모인 이 존엄한 자리에서 연설할 기회를 갖게
된 것을 매우 소중하게 생각하는 바입니다.

여러분은 오늘 이 유서 깊은 의사당에 모임으로써 내게 커다란 영
예를 베풀어 주었습니다. 내가 할 수 있는 단 한 가지 방법으로 여러
분의 후의에 보답하려고 합니다—내 마음속에 간직된 것을 여러분께
솔직하게 털어놓음으로써 말입니다. 그것은 미국의 민주주의와 자유
정부의 위대한 전통의 일부이며, 이 전통이야말로 내가 반세기 이상
이나 신봉해 온 것이기도 합니다.

여러분처럼 나도 워싱턴, 제퍼슨, 링컨에게서 영감을 받았습니다.
여러분처럼 나도 여러분의 빛나는 선조들이 전 인류를 위하여 탐구했
던 자유를 수호하고 보존하려고 스스로 맹세해 온 사람입니다.

나는 무엇보다도 먼저 여러분과 미국 국민이 행한 일에 대하여 한
국과 한국 국민의 무한한 감사를 표하고자 합니다. 여러분은 고립무
원의 나라를 파멸로부터 구출해 주었습니다. 그 순간, 진정한 집단안
전보장의 횃불이 전례 없이 찬란하게 빛났습니다.

우리 전선의 방어를 위해서, 피란민과 기타 이재민들의 구호를 위
해서 여러분이 재정적·군사적으로, 그리고 다른 방법으로 보내 준 원
조는 그 무엇으로도 갚을 수 없는 고마움의 빚입니다.

우리는 또한 한국 파병이라는 중대한 결정을 내림으로써 우리를
바다 가운데로 밀려나지 않도록 구원해 준 트루먼 전 대통령, 그리고
적의 위협을 잘 이해하고 우리를 도와준 당시는 대통령 당선인이었

고 지금은 미국 대통령인 아이젠하워 장군에게 많은 신세를 지고 있습니다.

미국 대통령 당선인은 40년간 일제가 잔혹하게 점령했던 한국에 왔습니다. 일제에 점령당했을 때, 우리 국토에 발을 들여놓을 수 있었던 외국 친구들의 수는 극히 드물었습니다. 그러나 이러한 곳에 역사상 처음으로 여러분에 의해서 대통령으로 선출된 위대한 인물이 왔습니다. 여러분의 군대만이 우리의 자유를 회복해 주려고 했기 때문입니다. 그는 한국인을 돕기 위해 무엇을 할 수 있는지를 알아내려고 했습니다.

나는 이 기회에 한국전쟁에 참전한 미군의 어머니들에게 우리의 마음속에서 우러나는 깊은 감사를 표시하지 않을 수 없습니다. 우리가 가장 암울한 처지에 놓였던 시기에 그들은 미국 육해공군 및 해병대에서 복무하는 자식, 남편, 형제들을 한국으로 보내 주었습니다. 정말 감사합니다.

결코 우리는 잊지 않을 것입니다. 우리나라의 산과 계곡들로부터 한미 양국 장병들의 영혼이 함께 하나님의 품에 안겼다는 사실을 말입니다. 우리가 그들을 마음속에 소중히 기억하듯이, 전능하신 하느님께서도 그들을 어여삐 보살펴 주실 것입니다.

미 의회의 신사 숙녀 여러분!

여러분의 거룩한 애국 장병들은 맥아더, 딘, 워커, 아몬드, 리지웨이, 클라크, 헐, 테일러와 같은 장군들의 훌륭한 지휘를 받았습니다.

그다음, 1951년에도 역시 밴 플리트 장군이 미 제8군을 지휘하기 위해 부산에 도착했습니다. 한국 청년들의 군인다운 용감한 정신, 가정과 조국을 위해 싸울 테니 총을 달라는 그들의 열화와 같은 욕구를 발견한 사람은 바로 밴 플리트 장군이었습니다.

그는 큰 어려움 없이 한국 청년들을 제주도, 광주, 논산, 기타 여러 곳에 모으고, 주한 미 군사 고문단 장교들을 보내서 거의 밤낮없이 훈련을 시켰습니다. 수개월도 지나지 않아 전선에 투입된 한국 청년들은 경이로운 성과를 올렸습니다.

오늘날 이렇게 훈련받은 군대는 아시아를 통틀어 최강의 반공 군대로 알려졌습니다. 이 병력이 전체 최전선의 3분의 2 이상을 담당하고 있습니다. 그래서 밴 플리트 장군은 한국에서 대한민국 육군의 아버지로 알려져 있으며, 미국 병사들은 한국 육군을 강인한 "ROKs" (락스)라고 부릅니다.

이제 만일 미국이 이러한 육군 병력을 계속 증강해 주고, 공군과 해군 병력도 적절한 비율로 함께 증강할 수 있도록 원조해 준다면, 한국의 전쟁터에서 미국 병사들이 필요 없게 될 것임을 나는 여러분에게 장담할 수 있습니다.

지금까지 수많은 미국인이 대의를 위해서 그들이 가졌던 모든 것을 바쳤습니다. 그러나 그들이 승리를 위해서 목숨까지 바친 전투는 아직도 승리를 쟁취하지 못하고 있습니다. 공산주의 폭정의 군대는 아직도 전 세계에서 주도권을 차지하고 있습니다.

한국 전선에서 현명치 못한 휴전으로 포화가 잠시 중단되고 일시적으로 멎었지만, 적들은 이 기회를 무력 증강을 위해 이용하고 있습니다. 제네바 회의도 예견되었던 것처럼 하등의 성과도 없이 끝났으니, 이제 휴전의 종식을 선언할 적절한 시기가 되었습니다.

우리나라의 북반부는 소련이 조종하는 100만 명의 중국인 노예들에 의해서 점령·지배되고 있습니다. 적의 병사들로 가득 찬 공산군 참호들이 우리 수도에서 불과 40마일 이내의 거리에 있습니다. 공산군

71

은 휴전협정 조항을 무시하고 비행장들을 새로이 건설하고, 제트 폭격기들을 배치해 놓았습니다. 적의 비행기들은 그곳에서 10분 이내에 우리 국회에 도달할 수 있습니다.

그러나 죽음은 서울이 워싱턴보다 더 가까이 있는 것이 결코 아닙니다. 왜냐하면 크렘린의 음모자들이 노리는 최고의 목표는 미국을 파괴하는 것이기 때문입니다. 소련의 수소폭탄은 파괴된 우리나라 도시들 위에 떨어지기보다는 오히려 미국의 대도시에 먼저 떨어질지도 모릅니다.

세계 정복을 위한 소련 전략의 핵심은 기습공격으로 미국의 비행장과 생산 중심지들을 분쇄하기에 충분한 수소폭탄과 대륙횡단 폭격기들을 보유하게 될 때까지는 평화를 얘기하며 미국인들을 달래서 죽음의 잠에 빠지게 하는 것입니다.

이것이 바로 국제도덕에 관한 미국의 기준에 대해서 소련이 찬사를 보내는 이유입니다. 그러나 이는 재앙을 초래하는 칭찬입니다. 왜냐하면 소련 정부는 미국의 보복 능력을 제거할 수 있다는 충분한 확신이 서면, 상대를 전멸시킬 무기를 사용할 것이기 때문입니다.

그러므로 우리는 책임 있는 정치인으로서 소련 정부가 그러한 무기들을 보유하게 될 때, 감히 그것들을 사용하지 못하게 할 수 있는 확실한 방법이 무엇인지를 곰곰이 생각할 의무가 있습니다.

우리는 소련의 약속을 신뢰할 수 없다는 사실을 잘 알고 있습니다. 36년간의 공산주의 경험을 통해서 우리는 배운 게 있습니다. 공산주의자들은 조약의 파기가 자기네에게 이익이 된다고 생각하면, 결코 조약을 존중하지 않는다는 사실입니다. 그 어떤 양심의 가책, 인도적 원칙, 또는 종교적 제재도 그들을 제지할 수 없습니다.

그들은 세계 정복의 야욕을 달성하기 위해서는 그 어떤 수단—심지어 고문과 집단학살—과 같은 가장 잔인한 수단까지도 사용해 왔습니다. 소련은 이런 행위를 스스로 중지하지 않을 것입니다. 그러므로 우리는 그것을 막아야만 합니다.

그렇다면 미국과 그 우방들이 소련의 공장들에 지금 폭탄을 투하해야만 하겠습니까? 아니면 도살장에서 죽음을 기다리는 거세된 소처럼 그저 서 있어야만 하겠습니까?

전 세계의 자유 시민들이 생존할 수 있는 길—우리 한국인들이 알고 있는 오직 하나의 길—은 평화롭지 않은 때에 평화를 애타게 소망하는 방법이 결코 아닙니다. 소련 정부를 어떻게든 설득해서 극악무도한 세계 정복 노력을 포기하도록 할 수 있다고 믿는 방법도 아닙니다. 악의 힘에 굽실거리고 유화적인 방법도 아닙니다. 그 유일한 길은 세계의 세력 균형을 공산주의자들에게 불리하게 움직여서 설사 그들이 전멸 무기를 소유하더라도 감히 그것을 사용하지 못하도록 하는 방법입니다.

우리에게는 시간적 여유가 거의 없습니다. 몇 년 이내로 소련은 미국을 사라지게 할 수 있는 수단을 갖게 될 것입니다. 우리는 지금 행동해야 합니다. 어디서 행동할 수 있겠습니까? 우리는 극동에서 할 수 있습니다.

신사 숙녀 여러분!
한국 전선은 우리가 승리하고자 하는 전쟁—아시아를 위한 전쟁, 세계를 위한 전쟁, 지구상의 자유를 위한 전쟁—의 작은 부분에 지나지 않습니다.

그러나 대한민국은 여러분에게 20개 사단을 무장시켜 주고, 또 다른 20개 사단을 편성할 수 있는 병력의 충원에 필요한 지원을 요청했습니다. 150만 명의 한국 청년들의 최고 목표는 인간의 자유, 그들의 명예, 그들의 조국이라는 대의를 위해 싸우는 것입니다.

우리 장병들의 용감성은 전투에서 증명되었습니다. 밴 플리트 장군이 한국 병사는 세계의 그 어느 전투병과 비교해도 손색이 없다고 언급한 이래 미국인 중에서 이 사실을 의심하는 사람은 아무도 없습니다.

대만의 중화민국 정부 역시 여러분에게 공산군과 맞서 싸울 63만명의 정규군과 추가로 예비군을 지원하겠다고 제안했습니다. 중국 본토의 공산정권은 결정적인 약점을 가진 괴물입니다. 중국의 일반 대중이 그 정권을 증오하고 있습니다. 중국 공산주의자들은 150만 명의 반대자를 학살했지만, 아직 수많은 자유중국 게릴라들이 중국 본토에서 투쟁하고 있습니다.

중공군의 병력은 250만 명이지만, 그들의 충성심은 결코 믿을 만한 것이 못 됩니다. 그것은 한국에서 포로가 된 중공군 중에서 14,369명이 대만으로 가겠다고 했는데, 중공으로 귀환을 선택한 자는 불과 220명뿐이었다는 사실이 증명해 주고 있습니다.

그뿐만 아니라 중공의 경제 상황은 극도로 취약합니다. 중공은 수입의 60%를 해상으로 운송하고 있으며, 연안 해운이 남북 교류의 가장 중요한 수단입니다. 그러므로 미국 해군이 중국 해안을 봉쇄하면, 중공의 교통망은 큰 혼란을 겪게 될 것입니다.

중공 정권에 대한 반격의 성공을 보장하기 위해서는 미국 해군과 공군이 필요할 것입니다. 그러나 미국 보병은 필요치 않을 것임을 나는 다시 한번 강조합니다.

중국 본토가 자유 진영의 편으로 다시 돌아온다면, 한국 및 인도차이나 전쟁은 자동적으로 승리하게 될 것입니다. 그리고 세력 균형이 소련에게 극히 불리하게 기울어져서, 소련은 감히 미국과의 전쟁 모험을 시도하지 못하게 될 것입니다.

우리가 중국을 다시 찾아오지 못하는 한, 자유 진영의 궁극적 승리는 생각할 수 없습니다. 그것을 아는 소련 정부가 중국 본토를 차지하기 위한 전투에 지상군과 공군을 투입하지 않을까요? 아마 투입할 것입니다.

그러나 소련의 지상군과 공군 투입은 오히려 자유세계를 위해서 아주 좋은 일이 될 것입니다. 왜냐하면 그것은 소련이 수소폭탄을 대량 생산하기 전에 그 제조 중심지들을 미 공군이 파괴하는 것을 정당화시켜 줄 것이기 때문입니다.

나는 물론 이런 나의 주장이 강경하다는 사실을 알고 있습니다. 그러나 공산주의자들은 부드러우면 노예가 되는 가혹한 세계, 끔찍한 세계를 만들어 놓았습니다.

미국 의회의 신사 숙녀 여러분!
인류 문명의 존립 자체를 가늠할 운명이 바야흐로 우리가 최고로 중요한 결정을 내리기를 고대하고 있습니다.

자, 용기를 내어 우리의 이상과 원칙을 수호하기 위해서 궐기합시다. 이러한 이상과 원칙들은 바로 미국 독립의 아버지들인 조지 워싱턴과 토머스 제퍼슨에 의해서 선양되었고, 그 후 절반의 자유 절반의 노예 상태로는 생존할 수 없다며 연방 수호를 위한 투쟁을 주저하지 않았던 에이브러햄 링컨에 의해서 다시 주창되었습니다.

나의 친구들이여, 우리는 반쪽짜리 공산주의 반쪽짜리 민주주의 상태의 세계에서는 평화가 회복될 수 없다는 것을 명심해야 합니다. 아시아의 자유를 안정시키기 위한 여러분의 중대한 결단이 지금 필요합니다. 왜냐하면 여러분의 결단은 유럽, 아프리카, 그리고 아메리카에서의 세계 공산주의 문제를 자동적으로 해결할 것이기 때문입니다.

미 의회 연설의 파장

이승만 대통령의 미 의회 연설은 대한민국 외교사에서 매우 중요하다. 그것은 미 의회에서 행한 대한민국 대통령의 최초 연설이었고, 연설문을 대통령이 직접 영어로 작성해서 우리말이 아니라 영어로 연설했다는 점에서 그렇다. 이후 오늘에 이르기까지 우리 대통령들이 미 의회에서 연설했지만, 연설문을 영어로 손수 작성해서 연설한 경우는 없다.

연설 내용도 서론·본론·결론이 분명하고, 이승만의 상상을 초월하는 배짱이 잘 드러나 있다. 마치 약소국의 선지자가 세계 최강국 국민에게 "지금 결단하지 않으면 반드시 후회할 것"이라고 예언하듯 경고한 이 연설 전문을 1954년 7월 29일 워싱턴포스트, 뉴욕타임스 등 미국 신문은 일제히 보도하고, 사설 등을 통해 비중 있게 다뤘다.

외국 원수가 이승만처럼 작심하고 미국인의 자존심을 건드린 경우는 거의 없었기 때문일 것이다. 한마디 더 거들자면, "아시아의 자유를 안정시키기 위한 중대한 결단이 지금 필요하다"는 이승만의 경고를 무시한 미국이 그 후 얼마나 혹독한 대가를 치렀고, 치르고 있는지는 독자 여러분께서 너무 잘 아실 것이다.

그런데 그간 국내에서 간행된 각종 저술에는 이승만 대통령이 이 연설을 생애 최악의 연설이라고 후회했다는 내용 일색이다. 이는 당시 현장에 있던 이 대통령의 외교 고문 로버트 올리버 교수의 회고에서 비롯된 것으로 보인다.

로버트 올리버는 『Syngman Rhee and American Involve-

ment in Korea, 1942~1960』이승만과 미국의 한반도 개입에서 다음과
같이 회고했다.

> "그것은 대단한 연설이었고, 열광적인 환영을 받았다. 기자들에게
> 배포된 연설문 등사본을 보면서 내가 세어보니 박수갈채로 연설이
> 33차례나 중단됐다. (중략) 연설은 매우 흥미진진했으며, 기본적으
> 로 정당한 주장이었다. 개인이 그런 연설을 했다면, 아무도 나무랄
> 수 없었다. 그러나 한 나라의 국가원수가 다른 나라의 의회에서 행
> 할 연설은 아니었다.
>
> 이 사실을 이 대통령도 인식하게 됐다. 나중에 내가 서울에 가
> 서 그의 집무실에 들어서자, 그는 나를 쳐다보며 말했다. '올리버
> 박사, 나의 미 의회 연설은 내가 평생 저지른 최악의 실수였네.'"

또한 올리버 교수는 이 연설이 향후 한미관계에 심각한 부작용을
초래했으며, 미국의 위정자들이 이 대통령을 신뢰하지 않고 그의
후계에 대해서 공공연히 언급하게 됐다고 기술하고 있다.

한편, 한표욱 공사는 그의 저서 『이승만과 한미외교』(1996)에서 다
음과 같이 회고했다.

> "(1954년 7월 29일) 새벽 2시 반쯤 황규면 비서관이 나의 방을 노
> 크해서 잠을 깼다. 이 대통령이 급히 찾는다는 것이었다. 대통령 방
> 으로 갔더니, 첫눈에 안색이 좋지 않은 것을 알 수 있었다. 이 대통
> 령은 라디오가 방금 내일 아침 뉴욕타임스 사설을 읽어 주는 것을
> 들었는데, 자신의 미 의회 연설을 미국 사람들의 정서에 맞지 않

고, 전쟁을 선동하는 연설이라고 비난하는 내용이었다고 말했다.

이 대통령은 7월 30일로 예정된 미국 외교기자클럽 연설을 수정하느라고, 잠을 3~4시밖에 못 잤다. 이렇게 충분한 수면 없이 7월 29일 아침 9시에 워싱턴 생가를 방문하는 등 바쁜 일정을 소화해야 했기 때문에 대통령의 건강이 걱정스러웠다."

필자는 올리버와 한 공사의 진술을 존중한다. 그러나 과연 그들의 회고처럼 이승만 대통령이 미 의회 연설을 평생 최악의 실수로 생각하고, 건강을 해칠 정도로 당황했을까? 필자는 이를 검증하기 위해서 나름대로 다양한 자료를 검토한 결과, 그렇지 않다는 결론에 도달했다.

첫째, 올리버와 한 공사의 회고는 각각 미 의회 연설이 행해진 지 24년, 42년 후에 나왔다. 그런데 당시 대한민국 국방부와 공보처가 발간한 『방미 이승만 대통령 연설집』(1954·국방부), 〈이 대통령 각하 방미수행기』(1955), 『President Syngman Rhee's Journey to America』(1955), 『Handbook of Korea』(1958·이상 공보처)는 미 의회 연설을 대대적으로 홍보했다. 이 대통령이 그 연설을 최악의 실수로 후회했다면, 정부 기관에서 과연 대대적으로 홍보할 수 있었을까?

둘째, 한 공사의 회고처럼 1954년 7월 29일 뉴욕타임스 사설의 비판이 신랄해서 언론보도에 민감했던 이 대통령이 큰 충격을 받고, 수행원들은 대통령의 건강을 걱정했을 수도 있다. 그러나 이승만은 난관에 봉착했을 때 당황하고 나약한 태도를 보이지 않고, 정면 돌파로 타개하는 인물이었다. 이를 이해하기 위해서는 우선 뉴욕타임스 사설을 읽어 보아야 한다.

이 대통령의 연설

1954.7.29. 뉴욕타임스 사설

이승만 대통령이 미 의회에서 자유세계를 놀라게 하고, 공산주의자들에게는 선전의 빌미를 제공하는 불행한 연설을 했다. 그는 중공에 대한 예방전쟁과—필요하다면—소련에 대한 핵전쟁을 개시해야 한다고 촉구한 것이다.

이 대통령은 그러한 전쟁을 한국과 대만 군대, 그리고 미 해군과 공군이 연합작전을 통해서 성공적으로 마무리할 수 있다고 주장했다. 즉, 유럽이나 아시아의 다른 우방국들의 지원 없이, 유엔의 도덕적인 제재를 받지 않고도 분명히 가능하다는 것이다. 동시에 한국 문제에 관한 제네바 회의가 실패했으므로 이는 정당하며, 시간이 촉박하다고도 경고했다.

이 대통령은 마치 한국 국민에게 감투 정신을 고취하는 애국자처럼 미국인에게 연설했다. 그는 중공이 한반도의 항구적인 분단에 책임이 있다며, 통일을 위해서는 무력 이외에 다른 방법이 없다는 확고한 신념을 피력했다. 아울러 그는 서울에서 40마일 이내의 참호에 적군이 가득 차 있는 상황이 얼마나 위험한 결과를 초래할 것인지에 대해서도 언급했다.

이 대통령이 말한 한반도 상황을 모두 인정한다고 하더라도, 우리가 간과하지 말아야 할 사실이 있다. 그것은 그가 압록강까지 진격한다는 통상적인 요구를 넘어서, 실제적으로는 핵전쟁을 주창했다는 사실이다. 더욱이 그는 한국과 상호방위조약을 맺고 있는 미합중국 의회에서 연설했다.

그러므로 이 연설은 불가피하게 소련이 우리를 '전쟁광들'이라고 비난

할 빌미를 제공할 뿐만 아니라, 우리 우방국들 사이에서 미국의 정책에 대한 새로운 의혹과 불확실성을 야기할 것이다. 또한 이 연설은 '중립주의'를 선호하게 만드는 새로운 자극제가 될 것이다. 사실 중립주의는 공산주의 물결에 저항하는 자유세계의 근간을 허물어버리는 경향이 있다.

따라서 이 대통령의 발언은 미국이 공식적으로 천명한 정책과 일치하지 않으며, 오히려 확연히 반대된다는 사실을 지적해 둘 필요가 있다. 요컨대 미국의 정책은 예방전쟁이든 뭐든 그 어떤 종류의 전쟁 아이디어에도 항상 반대한다. 다만 예외가 있다면, 자위를 위한 전쟁 혹은 침략에 대응하는 집단행동이다.

우리 정부는 평화와 '평화적 공존'을 표방한다. 아이젠하워 대통령을 비롯한 미국의 모든 리더는 비록 유화적인 노력이 통하지 않고, 원칙이 훼손되더라도 언제나 평화를 지지한다고 한목소리로 말한다. 이러한 정책은 일관성이 있어서, 미국은 비록 희생이 수반되었지만, 한반도에서 휴전에 동의했고, 인도차이나에서 휴전을 수용했다.

분명히 미국은 독일의 통일 혹은 오스트리아의 자유화에 반대한다. 마찬가지로 한반도 통일을 위한 그 어떤 전쟁에도 참여하지 않을 것이다. 다만, 공산주의자들이 휴전을 위반하면 격퇴할 것이다. 우리 미국이 참여하는 유일한 성스러운 전쟁은 자유의 햇불이 자유의 불꽃으로 타오를 수 있는 날에 대비해서, 그 햇불이 꺼지지 않고 타도록 유지해 주는 도덕적 십자군 전쟁이다.

이 대통령은 한반도 문제에 이목을 집중시키면서 위에서 언급한 미국의 정책과 원칙뿐만 아니라 몇 가지 결정적이고 실질적인 고려사항들도 무시했다.

그가 지금 세계대전이 필요하다고 주장하는 중요한 논거는 공산주의자들이 그동안 자유세계에 대해 배신과 무자비함을 보여주었다는 사실에 비추어볼 때 공산주의자들과의 협상은 무용지물이라는 것이다. 또한 그는 우리가 지금 행동하지 않으면, 소련이 조만간 미국을 위협하거나, '항복'시키는데 필요한 원자탄과 수소탄을 충분히 보유할 것이라고 말한다.

이러한 논거들은 우리가 강력한 힘을 유지하고 경계를 늦추지 말아야 한다는 경고로는 타당하다. 그러나 그런 경고들은 세계대전을 위한 논거로는 스스로 패배를 자인하는 것이다.

왜냐하면 그러한 전쟁은 1) 어디서나 비난에 직면할 뿐만 아니라 2) 기존의 모든 우방국을 해체시키고 3) 유럽과 아시아의 집단안보 체제 구축을 위한 우리의 모든 노력을 좌절시키며, 4) 미국이 현재 해외에 가진 기지들을 빼앗아 갈 것이기 때문이다.

결국 세계대전은 미국을 고립무원의 처지로 만들고, 세계를 폐허로 만들 수밖에 없는 전쟁에서 홀로 공산주의자들의 핵공격에 맞서게 할 것이다. 우리는 이 대통령이 그러한 결과를 원하지는 않을 것으로 생각하며, 동시에 미국은 세계대전을 막기 위해서 최선을 다할 것이라고 확신한다.

이승만 대통령은 홍보에 남다른 열정과 역량을 가진 인물이었다. 따라서 미 의회 연설 후에 위의 사설처럼 비판적 보도를 예상하고 이에 대응했다. 구체적으로 1) 뉴욕타임스의 사설을 통렬하게 비판하는 독자투고가 뉴욕타임스에 실렸고, 2) 이 대통령이 연설 직후에 뉴욕타임스와 단독인터뷰했으며, 3) 세계 3대 주간지 유에스 뉴스 앤드 월드 리포트U.S. News & World Report와도 단독인터뷰했다. 4) 또한 미국 외교기자클럽 연설에서 수백 명의 기자에게 미 의회 연설을 부연 설명했다.

우선 독자투고에 대해서 알아보기로 하자. 위의 사설을 읽고, 한국인보다 더 흥분해서 이승만을 칭찬하는 독자투고를 한 미국인이 있었다. 바로 지네트 브루스Jeanette Bruce라는 여성으로 그녀는 사설이 실린 다음 날인 7월 30일 독자투고했고, 뉴욕타임스는 1954년 8월 6일 독자투고란이 이를 실었다. 그 전문은 다음과 같다.

이 대통령 의회 연설 칭찬

NYT 독자투고, 1954/8.6 독자투고

우리가 '대단한 공포'의 희생양이 되었다면 모를까, 그렇지도 않은데 왜 이승만 박사의 의회 연설을 '불행하다'고 규정하는가? 그토록 더할 나위 없이 정직하고 논리정연하게 현실을 말하는 정치인은 극히 드물다. 따라서 이승만이야말로 독보적인 존재이다. 그가 지닌 진정한 리더로서의 강력하고 위엄있는 자질들을 고작 '열정적이다', '신랄하다'라는 말로 설명하는 것은 부적절하다.

불행하게도 진리라는 말이 미국에서 점차 인기를 잃어가고 있다. 그래서 우리는 간담이 서늘한 소련인들의 야욕을 충분히 깨닫고 있으면서도 평화에 대해서 계속 얘기하고 있다. 그들은 인간뿐만 아니라, 국가의 개성을 파괴하고 억압함으로써 모든 민족의 열망을 제거하려는 야욕을 품고 있다.

이승만 박사는 미 의회 연설에서 소련인들의 야욕을 당장 차단하는 방법을 우리에게 말해주었다. 우리가 스스로 자신을 방어해야만 하는 처지에 몰리게 되면, 그때는 이미 너무 늦을 것이다.

세계 인구의 절반 이상이 지금 공산 진영에 속해 있다. 분명히 인류의 대다수는 이념이 뭔지도 모르는 허울뿐인 사상가들이다. 이 같은 사실은 도대체 왜 오늘 우리가 살아가고 있는 미국이라는 나라에서 그토록 많은 개인이 공산주의를 선호하게 됐는지를 설명해 준다. 또한 이는 교육의 효용성이 얼마나 제한적인지를 여실히 보여준다.

미국 태생의 공산주의자들은 교실에서 모든 학업의 혜택을 누리지만, 사리를 분별하는데 필요한 지적인 역량이 부족하다. 지금 수많은 사람이 점차 팽창하는 공산주의의 끔찍한 현실에 대해 우리가 강력하게 대항할 필요가 있다고 인식하지 못하고 있다.

진정으로 '불행한' 요소는 바로 정치인들에게 권위가 없다는 사실이다. 이승만은 그들에 비해서 독보적 존재이다. 지금부터 10년 혹은 15년 후에 우리는 그의 연설을 다시 생각하게 될 것이다. 그때 면밀하게 고안되었던 그의 용기는 극찬받을 것이며, 우리의 비겁한 태도는 개탄의 대상이 될 것이다. 그러나 그때는 이미 너무 늦어서, 우리는 필요할 때 힘을 사용하지 못한 끔찍한 벌을 받게 될 것이다.

필자는 비범한 글솜씨에 전율했고, 눈시울이 뜨거워졌다. 그래서 지네트 브루스라는 여성이 누구인지를 열심히 찾아보았으나 뜻을 이루지 못했다. 그러다 보니 의문이 생겼다. 혹시 그녀가 가명을 사용한 것일까? 혹시 남성 아닐까? 이승만과 친분이 있는 미국인이 아닐까? 의혹은 꼬리를 물어, 혹시 이승만 자신이 아닐까 하는 상상까지 해보았다.

위의 독자투고가 뉴욕타임스로 발송된 다음 날인 7월 31일, 이승만 대통령은 뉴욕타임스와 단독인터뷰했고, 이는 1954년 8월 1일 기사화됐다. 미 의회 연설보다 더욱 신랄하게 미국의 한반도 및 아시아 정책을 비판한 인터뷰기사는 다음과 같다.

이 대통령, 미국을 근시안적이라고 공격

한반도 분단은 미국이 배짱이 없어서 초래되었다고 비판

NYT, 1954.8.1. Michael James

이승만 대통령은 어제 미국의 정책이 근시안적이었기 때문에 한국군이 한반도를 무력으로 통일할 수 없었다고 말했다.

그는 한반도 통일이야말로 한국과 아시아, 그리고 자유세계의 미래를 위해서 필수적인데도 미국인들이 이러한 문제에 공동으로 대처하려는 배짱이 없다고 덧붙였다. 또한 한반도 문제 해결을 위한 제네바 회의가 실패로 끝났기 때문에 통일을 위한 더 이상의 외교적인 협상은 아무런 희망도 없다고 단언했다.

79세의 이승만 대통령은 숙소인 뉴욕 월도르프-아스토리아 호텔에서 뉴욕타임스와 단독회견했다. 그는 1950년 6월 25일 북한군이 남한을 침공해왔을 때, 한국군은 사지가 절단된 사람처럼 사실상 무기력한 상태였다고 회고했다.

"그때 미국은 우리가 휘발유 통과 탄약고를 사용하지 못하도록 잠가놓고 있었소."

이 대통령은 한국군이 힘으로 통일시킬 수 있다고 확신한다면서, 이는 한국인이 싸울 의지가 확고하기 때문이라고 말했다.

"여러분이 알다시피, 한국인들은 남쪽이든 북쪽이든 분단된 채 생존할 수 없소이다. 둘 중의 어느 쪽이든 한쪽이 다른 한쪽을 차지해야만 하는 것입니다. 우리는 분단이 초래하는 비명횡사를 기다리고 있을 수만은 없습니다. 우리 한국인 중에는 그러한 상태가 계속되기를 기대할 사람은 아무도 없답니다."

"6·25전쟁 중에 우리는 압록강까지 차지할 수 있었는데 허용되지 않았소이다. 그 대신 무기가 아닌 협상으로 미래의 통일에 대한 약속을 받았소. 그러나 만약 미국과 유엔이 생각하는 그럴싸한 계획이 있다면, 우리에게 알려주시오. 나는 그러한 계획은 있을 수 없다고 생각합니다."

이승만은 미국 정부가 '항상 근시안적'이고, 미국의 제도를 파괴하는 것이 최고의 목표인 세계 공산주의의 위험성을 제대로 이해하지 못한다고 꼬집었다.

"당신네는 그러한 경고를 들었고, 당신네 아버지들도 들었으나 아무런 주의도 기울이지 않았습니다. 예를 들면, 여러분의 전직 대통령 프랭클린 루스벨트Franklin D. Roosevelt, 1882~1945는 공산주의자들을 모셔다가 미국 정부, 특히 국무부에 활동하도록 했소이다. 오늘날 아시아 분쟁의 중요한 원인 중 하나는 루스벨트의 이런 잘못에서 비롯된 것이오."

"미국인들은 공산주의의 위협이라는 문제에 공동으로 대처할 배짱이 없소이다. 미국은 공산주의자들에게 경고해도 너무 유순하게 합니다. 이는 당신네가 그들에게 진심으로 경고할 마음이 없기 때문이오. 그러니 공산주의자들도 여러분의 경고가 진심이 아니라는 사실을 알고 대수롭지 않게 여기는 겁니다."

위의 뉴욕타임스 인터뷰보다도 주도면밀하고 탁월한 정치가로서의 이승만 대통령의 면모를 엿볼 수 있는 대언론 활동이 있다. 그것은 1954년 7월 28일 미 의회 연설 이튿날인 7월 29일 주간지 유에스 뉴스 앤드 월드 리포트U.S. News and World Report와의 인터뷰이다. 이 주간지는 인터뷰를 표지 특집(총 8면)으로 보도했고. 발행일자는 8월 13일이다.

독자 여러분께서는 대한민국 역사상 최고의 외교관이었던 이 대통령이 신문사를 직접 방문하여 여러 언론인과 마주 앉아 메모지 한 장 없이 유창한 영어로 인터뷰했다는 사실을 염두에 두고 아래의 회견 전문을 숙독해주시기 바란다.

"공산주의자들에게 항복하지 마시오."

U.S. News & World Report, 1954.8.13.

자유세계가 공산주의자들의 마수에서 벗어나는 방법은 무엇일까? 공산주의자들이 아시아의 많은 나라를 차지하고 있으니, 나머지 나라들 역시 그렇게 될 것인가?

그간 자유세계는 한반도와 인도차이나(베트남, 캄보디아, 라오스) 분쟁에 관한 협상에서 공산주의자들에게 큰 몫을 챙겨주었다. 즉, 공산주의자들은 전쟁을 도발하고도 협상을 통해서 자기네가 선택한 땅을 차지했다. 이제 남은 문제는 자유세계가 이런 방식으로 빨갱이들의 침략 야욕을 막을 수 있겠느냐는 것이다.

이에 대한 답변을 최고의 반공 지도자에게 듣기 위해서 "유에스 뉴스 앤드 월드 리포트"는 대한민국의 이승만 대통령을 워싱턴 소재 신문사 회의실로 초대하여 인터뷰를 가졌다.

79세의 이승만 대통령은 남북으로 분단된 나라의 반공 지도자이며, 공산주의자들과 투쟁 중이다. 그는 아시아의 반공국가 중, 병력 숫자가 가장 많고, 전력이 최강인 군대를 지휘하고 있다. 미국의 군비 지원으로 무장한 65만 명의 한국군은 무력 전쟁에서 실력을 검증받았다.

이 대통령은 미국의 조지워싱턴대학교, 하버드대학교, 프린스턴대학교에서 각각 학사, 석사, 박사학위를 취득했다. 그는 미국에 망명해서, 33년 동안 한국이 일제의 통치에서 벗어나 자유를 쟁취할 수 있도록 각국에 지원을 호소했으며, 이제는 공산 통치로부터 북한을 해방시키기 위해서 노력 중이다. 그는 한때 감리교 선교활동을 했으며, 1948년 대한민국 초대 대통령이 되었다.

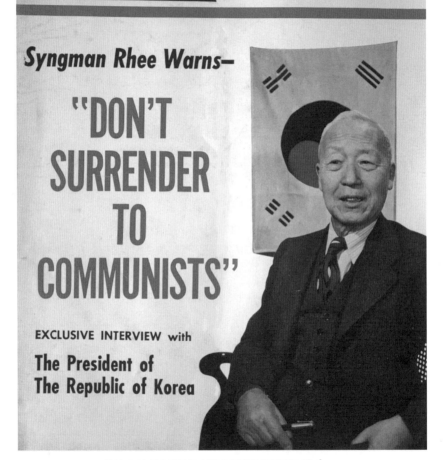

1954. 8. 13. U.S. NEWS AND WORLD REPORT 표지

문 대통령님, 현재 한반도 상황은 어떻습니까? 이 순간 한국은 중공과 북한하고 전쟁 중인가요?

답 **예, 우리는 전쟁 중입니다. 동시에 평화 상태이기도 하고요.**

문 국제법적으로 전쟁 중이라는 거죠?

답 **예, 우리의 적이 휴전협정을 위반하며 온갖 짓을 자행하고 있습니다.**

문 어째서 그런 일이 벌어지나요? 한국이 독자적으로 행동할 수 없기 때문인가요?

답 **꼭 그렇지만은 않습니다. 우리 우방들이 두려워하고 있기 때문입니다. 그들은 전쟁이 자기네를 파괴하는 것을 두려워하는 게 아니라, 모든 문명과 인류를 파괴할까 봐 두려워하는 것 같습니다. 그래서 어떻게 해서든 전쟁을 피하려고 노력 중입니다.**

오늘날 적은 우리 우방들의 그러한 약점을 잘 알기 때문에 우리를 밀어붙이고 있으며, 우리는 퇴각하고 있습니다. 우리는 단호하게 저항하고 싶지만, 우방들은 우리에게 말합니다. "그렇게 하지 마시오. 그러지 말아요. 그러면 온 세계에 끔찍한 상황이 초래될 것입니다." 이것이 현재 우리가 당면한 어려움입니다. 그래서 나는 우리 우방들에 호소합니다. 확고한 태도를 견지하고, 결정적인 계획을 마련해서 최소한 3~4개월 동안 실행에 옮기자고 말입니다. 이렇게 우리가 철저히 준비하면, 이를 알아차린 적은 자칫하면 얻어터지겠다는 두려움을 갖기 시작할 것이고, 결국 지금과는 다른 새로운 시대가 도래할 것입니다.

문 1950년 6·25전쟁 발발 이후, 민간과 장병들을 통틀어서 귀국의 인적 손실은 얼마나 되나요?

답 **대략 2백만 명은 넘을 것입니다.**

문 그런데 전쟁이 종식되지 않고, 진행 중이라는 말씀입니까?

답 우리는 전쟁의 종식이 아니라, 시작이라고 믿습니다. 왜냐하면 100만 명 이상의 중공군이 수도 서울에서 고작 몇 마일의 거리에 주둔하고 있습니다. 또한 정확한 숫자는 모르겠지만, 북한군 역시 바로 그곳에 있습니다. 그러나 지금이라도 우리에게 적을 물리치는 게 허용된다면, 우리는 그들을 몰아낼 수 있습니다.

문 그들이 그렇게 가까이 있는데도 두렵지 않습니까? 우리 미국인들은 수천 마일 떨어져 있지만, 대부분이 두려워합니다.

답 우리가 두려워했다면 오래전에 항복했을 것이고, 통일해서 평화롭게 살고 있을 겁니다. 만일 그렇게 됐으면, 우리는 목숨을 빼앗기지는 않았겠지만, 노예로 살고 있을 것입니다. 그러나 우리는 그렇게 하기를 거부했습니다. 그 이유는 민주주의 원칙과 제도를 수호하

유에스 뉴스 앤드 월드 리포트 인터뷰

는 표상이요, 세계 최강국인 미국이 절대로 항복하지 않을 것이라는 희망과 믿음을 갖고 있었기 때문입니다. 그런데 미국은 아직 항복하지는 않았으나, 계속 양보하고 퇴각만 거듭하고 있습니다. 현재 중국은 공산화되었고, 북한도 마찬가지입니다. 중국과 북한 주민들은 모두 공산화되지는 않았지만, 공산주의자들에게 점령되었습니다. 인도차이나에서도 현재 공산화가 진행 중이고요.

문 귀하는 미 의회 연설에서 "현명하지 못한 휴전"이라고 언급하셨습니다. 휴전이 현명하지 못했다는 게 무슨 의미입니까?

답 휴전이 오로지 적에게만 유리하고, 우리에게는 불리하므로 현명치 못하다고 말한 것입니다. 나는 조금 전에 덜레스 국무부장관, 스트라센 해외작전국장, 래드포드 해군제독(합참의장)과 얘기를 나누고 이곳으로 왔습니다. 그들에게 앞에 내가 한 말을 했습니다.

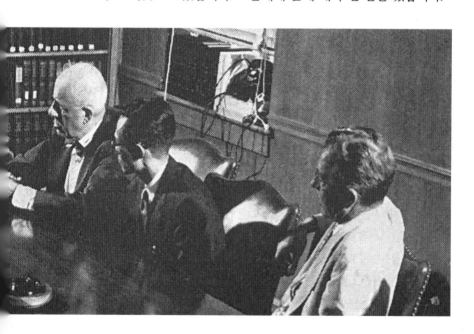

휴전은 우리에게 큰 부담이었습니다. 앞으로 얼마나 더 큰 비용과 희생을 감당해야 할지 모릅니다. 예를 들면 38선 남쪽에 있는 개성은 아름다운 한국의 명승지입니다. 여러분, 약 1,000년 전에 고려 왕조가 그곳에 수도를 건설했다는 사실을 상기해 주시기 바랍니다. 이 유서 깊은 도시의 북쪽에는 송악산이 있습니다. 공산주의자들은 이 산꼭대기로 올라와서 우리 영토인 개성 거리의 행인들에게 박격포를 발사하고 총기를 난사했습니다. 생명의 위협을 느낀 개성 시민들은 점차 도시를 빠져나갔습니다.

문 그것은 1950년 6월 전쟁이 발발하기 전의 얘기입니까?

답 예, 그 때문에 개성은 사실상 텅 빈 도시가 되었지만, 공산주의자들이 그 도시에 들어오지는 못했습니다. 우리 장병들이 그들에 맞서 싸울 준비를 하고 있었기 때문입니다.

그러나 1951년 휴전 협상이 시작되자, 공산주의자들은 협상 장소를 물색했습니다. 그들은 우리와 유엔 대표들이 38선 이북으로 넘어가는 것을 허용하지 않으려고 38선 이남의 장소를 고집했으며, 개성이 좋겠다고 제안했습니다. 유엔 대표들은 그곳에서 만나기로 동의했습니다.

개성에서 회의를 개시한 지 2~3일 후, 공산주의자들은 그 도시를 점령하여 공산군 병영으로 만들어 버렸습니다. 그러자 유엔 대표들은 매우 불안하고 위험하다고 느꼈습니다. 결국 미국 대표가 "개성이 실용적이지 못하다"고 하자, 공산 측은 '판문점'에서 회담하자고 대꾸했습니다. 이후 개성보다도 더 남쪽인 판문점에서 회담이 개최됐습니다.

우리가 유엔 대표에게 군대를 동원해서 공산주의자들을 개성 밖으로 쫓아버리겠다고 말하면, 돌아오는 답변은 항상 같았습니다.

"휴전을 논의 중인데, 어떻게 그런 말을 할 수 있소?" 그래서 우리는 꼼짝도 못 했습니다. 공산주의자들은 38선 이남으로 내려오는데, 유엔 대표들은 그들이 허용하지 않기 때문에 38선 이북의 공산 지역으로 들어가지 못합니다.

1950년 공산주의자들이 남침하여 우리를 바닷속으로 밀어 넣으려고 했을 때, 우리 군대는 그들에 맞서 싸워 개성을 지켰습니다. 그러나 휴전회담 기간 중 점령당한 것입니다. 그런데도 우리는 개성 탈환을 위한 전투를 하지 못합니다. 그 잘난 '평화'상태이기 때문입니다!

문 그 후에 공산주의자들은 점령한 장소들에서 철수했잖아요, 그렇지 않습니까, 대통령님?

답 철수요? 아무도 그런 요구를 하지 않았습니다. 오늘 나는 판문점의 우리 감독관으로부터 전보를 받았습니다. 중립국감시위원단을 추방할 예정이라는 내용입니다. 중립국감시위원이라고 하지만, 2명을 제외하고는 5~6명이 공산주의자들이기 때문에 추방하겠다는 겁니다. 나는 덜레스 국무부장관에게 우리 입장을 설명했습니다. 공산국가의 중립국감시위원들을 38선 남쪽으로 넘어오지 못하도록 하겠다고 말입니다. 우리만 공산주의자들을 우리 측으로 넘어올 수 있도록 허용한다는 것이 말이 됩니까?

문 중립국감시위원단에는 스웨덴과 스위스에서 파견된 위원들이 있지요?

답 오직 그 두 나라만이 중립국입니다. 다른 나라들은 모두 공산국가입니다.

문 저는 우리 측에서 38선 이북의 3개 도시에는 들어갈 수 있다고 알고 있었습니다.

답 그러나 그들은 간다고 해도 아무것도 볼 수 없습니다. 아무것도 감시할 수 없는 것입니다. 사정이 이러한데 어떻게 통합 혹은 공동 조치를 일사불란하게 취할 수 있겠습니까? 당신네가 공산주의자들을 쫓아내는 것을 두려워하고 있으니, 우리는 휴전이 자동으로 종료되었다고 선언하려는 것입니다.

문 언제 그런 선언을 하겠다는 말씀입니까?

답 바로 지금이 시작할 때입니다. 우리는 휴전을 철회하려고 합니다. 그런데 우리 우방들은 무슨 일이 벌어질까 봐 두려워합니다! 보세요, 우리는 힘을 합쳐서 무엇이든 해야 합니다. 제발 미국은 우리 국민을 두렵게 하지 말고, 적을 두려움에 떨도록 만드는 일을 해 주기 바랍니다!

문 어쨌든 별난 착상이시네요, 그렇지 않습니까?

답 나는 우리가 겪고 있는 것과 같은 사례를 인류 역사에서 결코 본 적이 없습니다. 공산주의자들이 우리를 파괴하기 위해 오고 있는데, 우리는 그들에게 온갖 유리한 것들을 제공해주고 있잖아요? 적들의 감정이 상할까 봐 우리는 이렇다 저렇다 입도 뻥끗할 수 없다니, 이게 말이 됩니까?

문 그러면 귀하의 휴전 철회 조치로 어떤 결과가 초래될까요? 한반도에서 더 큰 전투가 벌어지게 되는 겁니까?

답 내게 말들을 합디다. "우방들이 바라는 대로 이 문제를 평화적으로 해결하시죠." 그러나 그렇게 말하는 자들이 할 수 있는 일은 한 가지, 단 한 가지뿐입니다. 바로 공산주의자들에게 항복하는 것입니다.

문 인도차이나에서 그랬지요. 그렇지 않습니까?

답 맞습니다. 그리고 북한도 마찬가지로 공산주의자들에게 항복했습니다. 그러나 우리는 북한의 공산화가 무한하게 지속되리라고는 생각하지 않습니다.

문 한국과 미국의 정책이 우방들에 의해서 상당히 많이 영향을 받는 것 아닙니까? 유럽의 우방들은 아시아에서의 상황 변화를 바라지 않는 것 아닌가요?

답 그들은 모두 무의식중에 소련과 협력하고 있습니다. 즉, 그들은 소련을 모두가 두려워하는 것 같습니다. 만일 소련이 화가 나면, 언제든지 그들에게 보복당할까 봐 두려워하는 것입니다.

영국은 당연히 공산주의자들을 두려워합니다. 그들이 홍콩과 싱가포르에 들이닥쳐서 급기야 영국인을 쫓아낼까 봐 말입니다. 소련인들과 친구가 되어야 한다고 느끼고 있는 영국인들은 우리에게 목소리를 높이지 말라, 소련인들을 일절 건드리지 말라고 합니다.

영국은 그렇다 하더라도 우리는 미국을 이해하기 힘듭니다. 도대체 왜 정전위원회의 공산주의자들이 사진을 찍고 온갖 간첩질을 하며 돌아다니도록 내버려 두는지 모르겠습니다. 우리는 공산주의자들의 이런 행동을 차단하고 관리해야만 하겠습니다.

그리고 휴전은 끝났습니다. 그렇지 않습니까? 1953년 7월 27일 서명된 휴전협정은 효력 발효 후 90일 이내에 정치 회의를 개최하도록 규정했는데, 그 90일이 지났습니다. 더욱이 제네바 정치 회의도 1954년 4월부터 6월까지 개최되었으나 결렬되었습니다. 그러니 이제 모든 것이 끝났고, 휴전도 자동으로 종료되어야만 합니다.

문 귀하가 휴전이 자동으로 종료되었다고 선언하면, 미국도 자동으로 종료되었다고 선언할까요?

답 모르겠습니다. 그러나 우리가 가만히 앉아서 공산주의자들을 내버려 두면, 도대체 누가 그들을 쫓아내겠습니까? 그 때문에 우리가 그 일을 하려는 것입니다. 당신네가 그 일을 하지 않으려면, 우리에게 얘기해 주세요. 입을 다물고 있지만 말고요.

문 한국이 그런 일을 할 수 있습니까?

답 예, 우리는 그 일을 할 작정입니다. 그들을 몰아낼 힘이 충분치는 않지만, 우리는 공산주의자들을 두려워하지 않습니다. 당신네는 계속 기다리라고만 하는데, 당신네 말대로 기다리면 결과는 뻔합니다. 세계대전이 발발해서 당신과 나, 그리고 모두 살해되고 파괴되고 말 것입니다. 그러므로 어떤 일이 있어도 우리는 그들과 맞서 싸워야 합니다.

당신네는 "그들의 기분을 상하게 하지 말라"고 하는데, 그렇게 소심하니 이 문제가 해결될 희망이 보이지 않는 것입니다. 당신네 방식대로 이 문제를 평화적으로 해결하는 유일한 길은 당신네 가정, 자녀들, 가족 모두가 소련인들에게 항복하는 것뿐입니다. 그러면 그들은 당신네를 죽이지는 않을 것이며, 전쟁도 없을 것입니다. 왜냐하면 공산주의자들은 자기네 재산이 된 것을 파괴하지는 않을 테니까요.

우리에게 말 좀 해주시오! 우리는 당신네가 어떻게 하려는지 알고 싶습니다. 만약 당신네가 민주주의 제도를 지키기 위해 맞서 싸우려고 하지 않는다면, 그것으로 모든 게 끝난 것입니다. 우리는 중국, 인도차이나 등등이 공산화된 후에도 영국과 미국은 자유를 누리며 살 수 있다고 믿을 만큼 어리석은 바보가 아닙니다!

우리는 홀로라도 민주, 통일, 독립 국가가 되기를 기대합니다. 그래서 공산주의자들이 파멸할 것이라는 희망을 품고 선두에 서서 전투를 시작했습니다. 미국에게 진심으로 충고합니다. "공산주의자들에게 항복하지 마시오, 우리가 항복하지 않으려는 것처럼!"

문 귀국의 군사력은 어느 정도입니까?

답 **전선의 3분의 2 이상을 우리 국군이 지키고 있습니다.**

문 후방에 예비 병력이 있습니까?

답 **지금 준비 중입니다.**

문 현재 무장 병력의 수는 얼마나 됩니까?

답 **대략 60~65만 명 정도입니다.**

문 병력을 추가로 얼마나 증강하려고 합니까?

답 **우리는 공산주의자들과 같은 수준의 병력을 갖기를 원합니다. 적의 침공을 저지하기에 충분한 병력이 필요하기 때문입니다.**

문 적의 병력이 100만 명쯤 되나요?

답 **북한에는 100만 명의 중공군이 주둔하고 있습니다. 게다가 약 40~50만 명 정도의 북한 공산군이 있습니다.**

문 만주에는 얼마나 많은 공산군이 있습니까?

답 **만주에서 공산군이 계속 훈련 중입니다. 그들의 주장에 따르면 400만 명이라고 합니다.**

문 100만 명의 귀국 장병이 그 많은 중공군과 북한군을 몰아낼 수 있을 것으로 기대하십니까?

답 **물론입니다. 중국군 100만 명 내외가 6·25전쟁 전쟁 중에 인적 손실을 당했습니다. 그 때문에 한국군의 용기와 용맹성에 대한 칭찬이 자자합니다.**

문 그러한 전쟁에서 핵무기가 유용하다고 보십니까?

답 **나는 미국 국민에게 말했습니다. "당신네는 핵무기를 산처럼 쌓아 놓고도 감히 사용할 엄두를 못 낼 것입니다."**

문 왜 그렇습니까?

답 **무서워서 그렇지요.**

문 귀국의 군대는 핵무기를 사용할 수 있습니까?

답 **우리는 핵무기를 무척 갖고 싶어 합니다.**

문 포격용으로 말입니까?

답 **우리가 핵무기를 가진다면, 그것은 쓸모가 있을 것입니다.**

문 귀하가 휴전 종식을 선언하면 어떤 일이 벌어질 것으로 보십니까? 한 쪽에서 혹은 다른 쪽에서 총질을 시작할 것으로 생각하시나요?

답 **공산주의자들이 말하는 휴전은 자기네는 총질을 할 테니, 우리네 만 휴전 조항을 지키라는 것입니다. 그것은 바로 그들의 요구에 굴 복하라는 의미입니다.**

문 하지만 한국에 의해서 휴전이 자동으로 종식되더라도, 다른 우방들은 휴전을 존중하지 않을까요?

답 **어쨌든 현재의 휴전은 항복에 지나지 않습니다.**

문 그러나 귀하가 휴전을 존중하지 않고 부정함으로써 스스로 비현실적 인 지위에 놓이고, 다른 나라들은 휴전을 존중한다면, 그들이 귀하와 싸우게 되지 않을까요?

답 **반공 국가의 군대가 우리와 싸우려고 하지는 않을 것으로 봅니다.**

문 그러면 그들이 어떻게 휴전의 이행을 강요할 수 있겠습니까?

답 **"그들"이 누구입니까?**

문 유엔 말입니다.

답 **공산주의자들이 휴전협정의 이행을 강요해 왔기 때문에, 유엔은 그들에게 그것을 이행하라고 강요하기는 쉬울 것입니다.**

문 귀하는 공산주의자들이 지금도 휴전협정의 이행을 강요하고 있다는 말씀인가요?

답 **그렇습니다. 그들은 지금도 강요하고 있습니다. 반면에 이미 말했 듯이 개성이 그들의 손아귀에 들어갔는데, 우리는 그들에게 나가**

라고 말할 수가 없으니 답답합니다.

문 38선 이북에 대한민국의 영토가 있습니까?

답 예, 아시다시피 우리는 전투 중에 공산주의자들을 북쪽으로 밀어 붙였습니다. 적은 되찾으려고 했지만, 우리 군이 막강해서 적의 시도를 좌절시켰습니다. 38선 이북의 우리 영토는 이런 전투의 결과물입니다. 그러나 38선 이남의 개성은 휴전 협상 과정에서 그들에게 넘어간 우리의 영토입니다.

미국은 한국의 장애물

문 귀하가 제기하는 개성 등의 문제들에 관한 미국 관리들의 태도는 어떠했나요? 큰 관심을 보이던가요?

답 내 생각으로는 미국 관리들이 우리가 공산주의자들에게 적대행위를 하지 않는 것은 당연하다는 태도를 보이고 있습니다. 우리가 적대행위를 하면, 적이 우리에게 내려와서 문제를 일으킬 수 있기 때문이랍니다.

문 그러면 귀하도 이제 '평화 공존'의 입장인가요?

답 미국 관리들은 우리가 '평화' 상태라고 말합디다. 그러니 우리의 적인 공산주의자들이 우리에게 쳐들어와서 점령하고 싶을 때마다, 그렇게 하도록 내버려 두랍니다. 그것이 아이디어라더군요.

문 그것이 유엔과 미국의 태도로 보이나요?

답 **유엔은 미국을 의미합니다.**

문 이런 문제들에 관해서 아이젠하워 대통령의 태도를 알아보셨나요? 귀하는 그와 그것에 대해서 많은 얘기를 나누셨나요? 그는 군인 출신이잖아요?

답 예, 나는 아이젠하워 대통령이 이 문제를 해결하려고 많은 시도를 하고 있다고 생각하지만, 미국 장교들은 이제 전투를 재개하지 말아야 한다고 생각한답니다. 즉, 전투의 재개는 제3차 세계대전을 초래해서 모든 인류와 문명을 파괴할 것이기 때문에 우리가 피해야 한다는 겁니다.

문 그것이 그들이 귀하에게 건넨 의견이군요.

답 그렇습니다.

문 귀하는 그것에 대해서 어떻게 대답하셨나요?

답 나는 이렇게 말했습니다. "우리가 얼마나 먼 길을 가야 합니까? 내가 아는 한 평화적 수단으로 이 문제를 해결하는 방법은 없습니다. 우리는 그들을 쫓아내야 하며, 그렇게 할 수 있습니다."

그러나 이는 모든 미국인의 견해는 아닙니다. 미국 장교들은 의견이 나뉘었습니다. 그들 중 일부는 우리의 생각과 어느 정도 같습니다. 그러나 일부는 전쟁을 재개하는 것을 강력히 반대합니다.

누가 러시아를 두려워하는가?

문 물론, 미국은 인도차이나 전쟁 때 매우 평화적인 태도를 보였습니다. 프랑스도 마찬가지였습니다. 사실 프랑스 국민은 어떤 대가를 치르더라도 평화를 선호했습니다.

답 얘기할 것이 있습니다. 당신은 아직 영국과 프랑스를 반공 국가로 생각하는 모양인데, 그들은 반공 국가가 아닙니다.

문 왜 아니라는 것이죠?

답 왜 아닌지는 나도 모르겠습니다. 그러나 나는 그들이 소련을 두려워하며, 그 때문에 상당수의 영국 국민은 이미 공산주의에 가담했다고 생각합니다. 처칠 총리와 같은 사람들이 표를 많이 얻어서 공산주의에 맞서야만 합니다. 그렇게 하지 않으면, 되는 일이 아무것도 없을 것입니다.

문 프랑스는 어떻습니까?

답 프랑스요? 나는 얼마 전에 미국 정부 당국자에게 이렇게 말했습니다. "당신네는 공산주의자들에 대항하는 데 사용하라고 프랑스에 10억 달러를 제공했습니다. 그러나 그들은 그 돈을 반공을 위해 사용하지 않았습니다. 프랑스는 인도차이나를 계속 지배할 수 없습니다. 그 이유는 프랑스 정부가 진짜 용감한 군인들에게 공산주의자들과 싸우도록 허락하지 않기 때문입니다."

문 귀하의 주장이 옳다는 근거가 무엇입니까?

답 나는 아주 많은 프랑스 국민이 이미 공산주의자의 편이라고 봅니다. 프랑스에서 진정한 반공주의자는 드골 대통령 혼자뿐이라고 생각합니다.

문 대한민국 국민은 모두 투철한 반공주의자입니까?

답 그렇지 않으면 어떻게 나라가 유지될 수 있겠습니까? 대한민국에 공산주의 그룹과 반공주의 그룹이 있다면, 둘은 서로 싸울 것입니다.

문 한반도 문제의 완전한 해결을 위한 국제회의 개최가 나름대로 가치가 있다고 생각하시지 않습니까?

답 나는 한반도 문제를 논의하는 그 어떤 형태의 정치 회의도 반대한다는 점을 강조하고 싶습니다.

문 그런 제안이 있었습니까?

답 지금까지는 없었습니다.

문 항간의 소식에 따르면 공산주의자들이 그런 제안을 했다는데 그렇지 않습니까?

답 아, 맞아요, 공산주의자들은 이것, 저것, 아무것이나 제안합니다. 사실 그들은 자기네가 제안하는 회의를 우리가 수락하면, 우리에게 기름, 금속, 폭탄 등 온갖 것들을 팔겠답니다. 그게 제안입니까?

장개석의 도움

문 장개석의 자유중국 군대로부터 이득을 볼 수 있었습니까?

답 예, 우리는 장개석 군대와 이해관계가 상통하는 부분이 있습니다. 그러나 동시에 문제가 있기도 합니다. 만일 미국이 장개석 군대에게 중국 본토로 가서 전투를 시작하도록 허용한다면, 그들은 기꺼이 그런 시도를 할 것입니다. 그러나 미국이 그것을 허용하지 않고 있습니다.

문 만일 미국이 그것을 막지 않았다면, 장개석 군대가 본토로 진격했을 것이라고 생각하십니까?

답 그들은 그렇게 할 준비를 했고, 미국에게 수륙양용장비의 지원을 요청했으나, 아무런 지원도 받지 못했습니다.

문 그게 언제였습니까?

답 작년(1953년) 겨울이었습니다.

문 귀하는 대만으로 가서 장개석을 만났지요?

답 그렇습니다.

문 귀하와 장개석 사이에 공동 방위에 관한 양해가 이뤄져 있습니까?

답 그와 유사한 양해가 이뤄졌습니다.

문 당장 대만이 행동을 취할 것으로 예상하지는 않으시죠, 그렇죠?

답 대만은 미국이 허용하면, 적어도 시도는 할 것입니다. 그러나 만약 그들이 본토를 공략하면, 아시아 지역에서 전쟁이 발발할 것입니다. 그 때문에 미국은 그들의 공격을 허용하지 않는 것이고요.

문 그것은 내전이잖아요. 그런데 그들이 자기네 땅에서 전투하는 특권도 누릴 수 없다는 겁니까?

답 내 말이 그 말입니다. 그러나 —

문 지금 그것을 막는 것이 '평화 공존' 정책입니까?

답 영국인은 공산주의자들과 비공산주의자들이 함께 살도록 제안했습니다. 그것은 바로 공산주의자들이 원하는 것이기도 합니다. 그런데 당신은 천연두, 콜레라 등등과 사이좋게 살기를 바랍니까?

문 귀하는 중공이 언제 군사적 도발을 할 것으로 예상합니까? 그들이 그 어떤 도발이든 시작할 것으로 봅니까?

답 공산주의자들은 항상 무엇이든 시작합니다. 바로 며칠 전에 그들이 미국 비행기들을 폭격하지 않았습니까?

문 한국에는 그 어떤 전투도 없지 않습니까, 그렇죠?

답 그건 그들이 전투를 통해 얻을 게 없다는 사실을 알기 때문입니다.

문 귀국이 반격해서 그렇다는 말씀인가요?

답 당연하죠. 그들이 내려오면, 우리는 즉시 몰아냅니다. 기억하실 겁니다. 휴전회담이 진행되는 동안, 나는 유엔이 우리와 협력하지 않으면, 행동을 개시해서 공산주의자들을 북쪽으로 몰아낼 것이라고 경고했습니다. 그러자 어떤 사람들은 내가 그저 허세를 부리거나, 안달이 난 것으로 생각했습니다. 그러나 우리가 전투 준비를 마치자, 그들은 전투를 못 하도록 휘발유 통들을 모두 잠가버렸습니다.

문 누가 잠가놓았습니까?

답 그것을 통제할 권한이 있던 사람들이지요.

문 유엔입니까?

답 유엔이나 미국인들이겠지요, 누구든 간에 그 후부터 그들은 우리에게 매번 고작 3일 동안 사용할 수 있을 만큼만 탄약을 할당해 주기 시작했습니다.

문 한국 국민의 사기는 어떠합니까? 전투를 재개해서 한반도 전체를 차지하기를 간절히 바랍니까?

답 그렇습니다.

문 그것이 대중적인 정서입니까?

답 예, 우리는 분단된 채로 살 수 없습니다.

문 한국 국민이 귀하를 배후에서 지지하고 있다고 느끼십니까?

답 물론입니다!

문 한국을 방어하기 위해 귀하가 필요하다고 느끼는 조치를 국민이 따를 것으로 보십니까?

답 물론입니다!

문 한국의 인구는 얼마나 됩니까?

답 약 2,200만 명입니다.

수수께끼의 북한인들

문 북한 인구는 얼마나 되나요?

답 그에 대해서는 설명을 좀 해야겠습니다. 1945년 해방 직후 남북한 총인구는 3,000만 명이었습니다. 남한에는 2,000만 명, 북한에는 1,000만 명이 살고 있었습니다. 그런데 1950년 6·25전쟁 발발 전후에 북한 주민 약 400만 명이 남한으로 넘어왔다고 하는데, 아무튼 최소한 300만 명은 될 것이니, 북한 인구는 700만 명쯤 될 것입니다.

그러나 휴전회담 중에 북한 인구가 많이 줄었으며, 북한 동포들이 우리에게 "빨리 와서 구해 주시오. 그렇지 않으면 우리 모두 살해 당할 것입니다."라고 간청했다고 합니다. 그런데 휴전 이후 우리는 더 이상 북한인들의 호소를 듣지 못하게 되었습니다.

문 그들이 학살되었다고 생각하십니까?

답 **학살도 당하고, 많은 동포가 만주로 끌려갔을 겁니다.**

문 노예처럼 강제노동자로 말입니까?

답 **예.**

문 그렇다면 북한은 지금 사실상 중공에 합병되었군요, 그렇지 않습니까?

답 **예. 중국은 공산주의자들을 북한에서 보내 정착시키고 있습니다. 또한 중국에는 한국 여성과 중국 남성의 결혼을 종용하는 일종의 법령도 있다고 합니다.**

문 귀하는 현재 79세입니다. 은퇴하실 생각을 하십니까? 처칠 영국 총리 는 올해 은퇴할 것이라고 합니다.

답 **전투가 종식되기 전에는 은퇴할 생각이 없습니다.**

문 그러면 끝까지 싸우시겠다는 겁니까?

답 **좋건 싫건 나는 공산주의자들과의 투쟁을 나의 의무로 받아들이 고 있습니다.**

문 귀하의 최고로 원대한 야망은 한반도 통일을 보는 겁니까?

답 **그렇습니다. 통일이 되면 더할 나위 없이 좋겠고, 그렇게 될 수 있 을 겁니다. 그러나 우리는 미국이 안전하게 되는 것도 보고 싶습니 다. 미국인들이 민주주의를 구출하는 아주 훌륭한 방안을 가졌으 면 좋겠는데, 솔직히 걱정이 앞섭니다.**

내가 미국에 와서 읽고 체험해 보니, 현재 미국인들의 생각으로는

민주주의를 구출할 수 없을 것 같습니다. 공산주의자들이 시도 때도 없이 몰려들고 있습니다. 그것은 끊임없는 침투 활동이며, 그들은 항상 승자가 되고 있습니다.

문 공산주의자들이 주도권을 쥐고 있다는 말씀입니까?

답 그렇습니다.

미국은 미몽에서 깨어나야

문 한국 국회에는 공산주의자들의 침투를 조사하는 위원회가 있습니까?

답 우리나라에서는 남녀 모두가 밤낮으로 공산주의자들을 추적하고 있습니다. 우리는 북한에서 침투하는 공산주의자들을 체포합니다. 그들은 일본과 중국을 통해서도 항상 들어옵니다.

문 그러한 침투에 어떻게 맞서 싸웁니까?

답 우리에게는 공산주의자들의 침투를 지속적으로 경계하는 여러 조직이 있습니다.

문 한국은 지금 사실상 전쟁 상태로군요, 그렇지 않습니까?

유에스 뉴스 앤드 월드 리포트 인터뷰

답 **물론입니다.**

문 귀하는 공산주의자들이 침투하느냐 마느냐 하는 문제로 한가하게 논쟁할 시간이 없군요? 당장 그들의 침투에 대처해야만 하니까요.

답 **그렇습니다.**

문 귀하는 공산주의가 이기고 있다고 생각하십니다. 세계 도처에서 그렇다고 느끼십니까?

답 **당신은 그렇게 생각하지 않습니까?**

문 그렇게 보는 증거가 무엇입니까?

답 **나는 미국인들이 미몽에서 깨어나야만 한다고 생각합니다.**

문 귀하는 워싱턴 당국의 경각심을 일깨워줬다고 생각합니까?

답 **자, 당신에게 한마디 하고자 합니다. 이번에 미국에 와 보니 나를 보기 위해 미국의 남녀노소가 곳곳에 서서 기다리고 있었습니다. 미국 외교기자클럽 오찬회에 참석한 후 호텔을 떠날 때, 차도와 인도가 로프로 차단되었고, 많은 미국인이 모여서 나를 보고 싶어 했습니다. 나는 그들에게 말했습니다. "여러분 모두와 악수를 나누고 싶습니다." 그리고 그들과 담소했습니다.**

링컨기념관에 들렀을 때는 그곳에 서 있던 미국 여성 둘이 내 손을 쥐고, 눈물을 흘리더군요. 나는 그것이 미국인들의 마음이라고 생각합니다. 그래서 나는 그분들에게 말했습니다. "미국에 공산주의가 없다는 것을 여러분이 보여주시는군요." 나는 공산주의가 이 세상에서 없어지기를 기원합니다.

문 귀하는 미국 정부보다는 미국 국민이 귀하의 생각에 더욱 동조할 것으로 생각하십니까?

답 **나는 미국 국민이 스스로 정신을 차리고 있다고 생각합니다. 그러나 그들을 너무 자극해서는 안 된다는 것을 알고 있습니다.**

문 오늘 신문에 이런 이야기가 실렸더군요. 프랑스 국민이 인도차이나 문제가 해결된 데 대해서 만족할 줄 알았는데, 놀랍게도 그렇지 않다는 것입니다.

답 물론입니다. 대다수의 프랑스 국민은 그렇게 해결된 데 대해서 불만일 겁니다. 그것을 밀어붙인 것은 극소수의 공산주의자들이었습니다. 그리고 입을 다물고 아무것도 하지 않았던 겁쟁이들도 문제였습니다.

문 공산주의자들이 스스로 드러내 보이듯이 강력하다고 생각하십니까? 그들은 모두를 두렵게 만들고 있잖아요?

답 자, 그러면 중국의 예를 들어 봅시다. 당신은 6억 명의 중국인이 모두 공산주의자라고 생각합니까? 아닙니다. 중국인들을 괴롭히고, 처벌하는 공산주의자들은 극소수입니다.

러시아도 전체 인구가 공산주의자는 아닙니다. 러시아인들은 모두 관망합니다. 그들은 공산주의를 증오합니다. 그러나 그들이 무엇을 할 수 있습니까? 공산주의 세력이 철저히 감시하여 그들은 아무 말도 할 수 없습니다.

러시아인들이 할 수 있는 방법이라고는 철의 장막 밖의 반공국가들이 공산국가들과 맞서 싸우는 것을 행동으로 보여주기를 기다리는 것뿐입니다. 그들은 우리를 관찰하면서 스스로에게 물어봅니다. "그들은 무엇을 하고 있나, 그들은 궐기하고 있나, 그들은 이기고 있는가?"

우리가 공산주의와 맞서고 있으면, 그것으로 충분합니다. 공산국가들 국민은 생명의 위협을 무릅쓰고 자유를 지키기 위해 봉기할 것입니다. 그러므로 우리는 단호한 태도로 철의 장막 안의 국민들에게 보여주기 위한 행동을 해야 합니다. 만일 그들이 분발해서 공산주의자들과 맞서 싸운다면, 외부 국가들이 그들을 도울 것이라는 행동 말입니다.

왜 휴전을 백지화해야 하는가

문 이제 6·25전쟁의 휴전에 대해서 여쭤보겠습니다. 만일 귀하께서 미국 대통령이라고 가정하고, 한국 대통령이 귀하를 만나러 미국에 온다면, 그에게 휴전에 관해서 무슨 말씀을 해주시겠습니까?

답 **나는 휴전을 백지화하라고 하겠습니다.**

문 근거가 무엇입니까? 공산주의자들이 평화를 조성하지 않아서입니까?

답 **휴전 조항은 다음과 같은 양측의 양해하에서 만들어진 것입니다. 즉, 평화는 휴전 기간—정치 회의가 어디에서든 개최되는 동안—에만 토론의 대상이 된다는 것입니다. 휴전회담 중에 양측은 판문점에서 대화했고, 휴전협정이 조인된 후 제네바에서 정치 회의—90일간—를 하기로 합의했습니다. 휴전 조항에 그렇게 돼 있습니다. 이제 90일이 지났고, 아무런 결과도 도출되지 않았습니다. 그러니 우리가 어떻게 해야 하는지 자명하지 않습니까?**

문 휴전이 자동으로 효력이 상실됐다는 것이군요?

답 **그렇습니다.**

문 휴전을 기술적으로 폐기하는 별도의 조치가 필요합니까, 아니면 휴전이 자동으로 종식되는 것입니까?

답 **휴전을 종식시키기 위한 규정들이 별도로 만들어졌는지 정확하게 기억하지는 못하겠습니다. 그러나 지극히 당연한 사실은 휴전 조항들이 한반도 문제해결을 위한 정치 회의 중에 총성을 멎게 할 목적**

으로 만들어졌다는 것입니다. 그런데 한반도 문제해결에 실패했으니, 회의는 끝난 것이고, 휴전은 자동으로 그 효력이 상실된 것입니다.

문 그 말씀은 총격이 시작될 수 있다는 것입니까?

답 옳습니다. 휴전의 취지에서 보자면, 공산주의자들은 힘을 엄청나게 증강했습니다.

문 그들이 북한에 공항들을 건설했습니까?

답 예, 현재 그들은 북한에 30개의 공항을 갖고 있습니다. 북한에는 공항이 없었습니다. 우리가 올라가서 모두 폭파해버렸기 때문입니다. 그러나 지금은 공항이 30곳이고, 항공기도 약 600대나 됩니다.

문 그것은 휴전협정 위반이 아닙니까?

답 물론이지요!

문 그런 위반에 대해서 경고하지 않습니까? 중립국감시위원단이 통보는 했습니까?

답 모르겠습니다. 다만, 얘기할 수 있는 것은 공산주의자들이나 그들을 상대하는 사람들이나 똑같다고 생각하면 됩니다.

문 그러나 귀하는 그들과 같지 않다고 생각하십니까?

답 같지 않습니다.

아직은 미국의 역할이 필수적

문 대한민국은 항공기를 몇 대나 보유하고 있습니까?

답 아주 적습니다. 북한은 미그-전투기가 약 500대나 되는데 말입니다.

문 그러면 귀국은 어떻게 공산주의자들에 대항해서 싸울 수 있나요? 공산주의자들이 그렇게 많은 비행기를 가지고 있는데, 귀국은 실제로 거의 비행기가 없으니 말입니다.

답 **현재까지는 미국 비행기들에 의존해야만 하는 실정입니다.**

문 미국이 귀국과 함께 싸워야 한다는 말씀입니까?

답 **우리가 필요한 것은 바로 그겁니다. 우리는 미국인들에게 해군과 공군 지원을 요청하고 있습니다.**

문 귀하는 미국의 도움이 없으면 싸우지 않겠다는 말씀입니까?

답 **어쨌든, 우리가 일정한 수량의 비행기를 미국으로부터 수령하고, 현재 미국과 협상 중인 우리의 병력 증강이 실현되면 싸울 것입니다.**

문 해군 지원도 필요하군요, 그렇지 않습니까?

답 **예, 우리가 일정 수량의 함정을 보유할 때까지 지원이 필요합니다.**

문 이런 병력 증강에는 얼마만큼의 시간이 필요합니까?

답 **상당한 기간이 필요할 겁니다. 그러나 아시다시피 미국의 육군, 해군, 공군 지도자들은 진심으로 우리를 지지하고 있습니다.**

문 귀국의 병력 증강은 아무리 빨라도 1~2년은 소요될 것 같네요.

답 **예. 그렇습니다.**

문 그러니 몇 개월 이내에 전투가 재개될 가능성은 희박하겠군요. 적어도 2~3년이 필요하겠네요. 그렇지 않습니까?

답 **아닙니다. 우리는 그것을 수행할 방법이 있습니다. 2~3년이나 기다릴 수는 없습니다.**

문 미국에 얼마나 많은 병력 증강을 추가로 요구할 것입니까? 15개 사단입니까?

답 **15~20개 사단입니다.**

문 현재는 몇 개 사단입니까?

답 **현재 20개 사단입니다.**

문 그러면 현재의 두 배를 원하시는군요?

답 **맞습니다. 미국이 우리 병력을 최대한 활용하려고 한다면, 그 정도는 되어야 합니다. 우리나라에는 조국을 위해서 무기를 들고 싸우기를 갈망하는 남성이 160만 명이나 됩니다.**

문 귀하는 미국 역사를 공부하셨고, 그에 대한 해박한 지식을 가지신 것으로 알고 있습니다. 오늘의 한국은 미국 역사의 어느 시기와 비교할 수 있습니까? 1776년입니까, 아니면 1861년입니까?

답 **둘 다 비교가 가능합니다.**

문 남북전쟁 때는 북군을 막아주는 우방들이 없었습니다. 그 점은 오늘의 한국과 다르지 않습니까?

답 **그렇습니다. 6·25전쟁이 발발했을 때는 우리와 함께 싸워줄 우방들이 없었습니다. 그러나 곧 우방들이 참전해서 적들이 북쪽에서 내려오는 것을 막아주었습니다.**

문 귀하는 미국이 공군기를 파견해서 만주의 중공군 기지를 폭격하지 않은 것을 실책이었다고 생각하십니까?

답 **그렇습니다.**

문 귀하는 이제 어떻게 하시렵니까?

답 **나는 중공군에게 한반도에서 철수하라고 경고하는 말로 시작할 것입니다. "우리가 지정한 시한까지 철수하지 않으면, 우리가 너희를 쫓아낼 것이다."**

문 하지만 중공군의 군수품 지원을 막기 위해서는 그들의 기지를 공격해야 하지 않나요?

답 **맥아더 장군처럼 그렇게 주장하는 사람들이 있습니다.**

문 그들이 옳은 주장하는 것입니까?

답 **그렇습니다.**

아시아의 향후 과제

문 아시아의 앞날을 어떻게 보십니까? 아시아에서 우리 측이 손해를 볼 까요, 이득을 볼까요?

답 **손해를 볼 것입니다.**

문 공산주의자들이 아시아에서 이득을 보고 있다는 말씀이네요.

답 **물론입니다.**

문 이번에 공산주의자들은 인도차이나에서 승리를 거둠으로써 훨씬 신 속하게 이득을 챙길 수 있겠네요. 그렇지 않습니까?

답 **예, 물론입니다.**

문 이번 미국 방문에 만족하십니까?

답 **어떤 면에서는 만족합니다. 반공이라는 현안을 분명히 인식하고, 반공을 위한 올바른 행동을 지지하는 미국 친구들을 많이 만났기 때문입니다. 한편, 우리는 불행하게도 아시아와 그 밖의 지역에서 손해를 보고 있으므로 공산주의 물결을 저지할 마음의 결정을 해 야만 하고, 미국과 미국 국민은 이 일을 추진해야 할 막중한 책임 이 있습니다.**

1) 뉴욕타임스 독자투고 2) 뉴욕타임스 단독 인터뷰 3) 유에스 뉴 스 앤드 월드 리포트 단독 인터뷰를 통해서 우리는 이승만 대통령 이 미 의회 연설을 일생일대의 최대 실수로 생각한 것이 아니라, 오 히려 대한민국 국민의 대표로서 책무를 성실히 수행했다는 자긍심 을 갖고 있었다는 사실을 알 수 있다.

참고로, 이승만 대통령의 미 의회 연설을 가장 비중 있게 다룬 매체는 1954년 7월 29일 제1면과 제4면에 실린 장문의 기사를 실은 워싱턴포스트였다. 'Rhee Calls for War on Reds Aided by U.S.'이 대통령, 미국의 지원으로 공산주의자들과 전쟁 촉구라는 쇼킹한 제목이었지만, 기사 내용은 중립적·객관적이었다. 그 요지는 다음과 같다.

"이 대통령은 어제 상하원합동회의에서 미국의 해군과 공군의 지원하에 한국과 중화민국 군대가 중공군을 공격하도록 요구했다. 그는 매우 솔직한 어조로 그러한 전쟁이 '아마' 소련에게 중공을 돕도록 할 것이라고 말했다. 그러나 이는 소련이 수소폭탄으로 무장하기 전에 미 공군이 그 생산시설을 파괴할 수 있기 때문에 자유세계로서는 썩 좋은 일이라고 천명했다."

"이 대통령은 연설하기 전, 하는 동안, 그리고 한 후에 열렬한 갈채를 받았다. 세계대전으로 이어질 수 있는 아시아에서의 대전쟁을 시작하자는 그의 제안에 대해 청중들은 완전히 몰입했으나, 모두의 말문을 닫고 조용함으로 일관했다. 의원들은 이 대통령에 대해 애국적인 정치 지도자라고 찬사를 아끼지 않았으나, 79세의 노 정치인이 23분간 무기에 호소하자는 데 대해서는 큰 경계심을 피력했다."

"하원의장 조셉 마틴은 전쟁 제안의 대화조차 거부했으며, 알렉산더 윌리 상원의원은 '조국을 위해서 위대한 연설을 한 위대한 애국자의 말을 들었다'고 논평했다. 해리 잭슨 상원의원은 '이 대통령의 제한적인 예방전쟁을 우리는 받아들일 수 없다'고 했으나, 브라이언 도른 상원의원은 '조만간 우리는 공산주의자들과 싸워야 한다. 그들은 날로 강해지고 있다'며 이 대통령을 옹호했다."

8

아이젠하워
대통령 부부를 위한 만찬

아이젠하워 대통령
부부를 위한
이승만 대통령 주최 만찬

8

아이젠하워
대통령 부부를 위한 만찬

미의회 연설을 마친 이승만 대통령은 그날(1954년 7월 28일) 저녁, 아이젠하워 내외를 위해 만찬을 베풀었다. 외교 관례에 따르면, 국빈 방문의 경우, 초청 국가의 원수가 먼저 만찬을 베풀고, 다음으로 방문국 원수가 화답하는 만찬을 베푼다. 이 대통령의 만찬은 7월 26일 저녁, 아이젠하워 대통령이 베푼 국빈만찬에 대한 답례였다.

만찬회는 메이플라워 호텔에서 개최됐다. 백악관 인근의 이 호텔은 1925년에 영업을 시작한 후 현재도 운영되는 미국의 수도 워싱턴에서 가장 유서 깊고 화려한 최고급 호텔이다.

1949년부터 3년 동안 백악관이 개축될 때, 트루먼 대통령이 잠시 이곳을 집무실로 사용했을 정도로 유명한 곳이다. 이 호텔은 1998년 대규모 증축되었고, 이름이 르네상스 메이플라워 호텔로 바뀌었다. 참고로 이 호텔은 몇 가지 흥미로운 에피소드로도 유명하다.

우선 케네디 대통령John F. Kennedy, 1917~63의 여자로 알려진 쥬디스 캠벨 엑스너가 이 호텔에 장기간 투숙하며, 케네디 부인이 백악관을 비우면 백악관에 들어가 케네디와 정사를 벌였다고 한다. 또한 모니카 르윈스키가 1995년부터 2년 동안 빌 클린턴 대통령과 부적절한 관계를 맺을 때, 이 호텔에서 투숙했다.

7월 28일 저녁 7시 45분, 아이젠하워 대통령 내외가 호텔에 도착하자 이 대통령은 아이젠하워 부인을, 프란체스카 여사는 아이젠하워 대통령을 안내해서 연회장으로 들어섰다. 만찬회에는 70여 명의 한미 양국의 지도급 인사가 참석하여, 말편자와 같은 U자 모양의 테이블에 자리를 잡았다. 연회장은 거대한 양치식물과 야자수들, 태극기와 성조기, 그리고 다양한 색깔의 꽃들로 장식돼 있었다.
이 대통령은 축배를 제안하며, 다음과 같이 즉흥적으로 연설했다.

"신사 숙녀 여러분, 나는 긴 연설을 하지 않겠습니다. 물론 미국 대통령을 아무리 누추하더라도 우리 소유의 건물인 대사관으로 초대하는 것이 당연한 일이라는 것을 잘 압니다. 그러나 절친한 친구들을 많이 초대하기에는 건물이 너무 협소해 이곳 메이플라워 호텔에 만찬회를 마련했습니다. 이 호텔이 오늘 하룻밤은 한국대사관입니다.
　　아이젠하워 대통령은 당선된 후 취임식 때까지 기다리지 않고 그 춥고 모든 것이 얼어붙은 날씨에 공산주의자들이 여기저기 흩어져 날뛰는 전쟁 중인 한국을 방문했습니다. 한국을 돕기 위해 1만 마일 이상을 날아왔다는 사실 하나만으로도 그분은 우리 한국 국민을 감동시키기에 충분했습니다.
　　우리는 이처럼 고마운 일을 해준 우리의 위대한 친구이자 위대

한 대통령에게 자그마한 성의를 표시해주고 싶었습니다. 마침 오늘 메이플라워 호텔을 우리 대사관으로 활용해서 조촐하지만, 그분 내외와 우리의 친한 벗들을 초대해 즐거움을 나눌 수 있는 기회를 가지게 된 것을 무척 기쁘게 생각합니다. 여러분이 이 자리를 빛내주셔서 우리는 행복하기 그지없습니다.

나는 아이젠하워 대통령 내외가 어디를 가나 한국에 관심을 보인 것을 확실히 알고 있습니다. 나의 친구 아이젠하워 대통령 내외분, 두 분이 오늘 밤 이 자리에 왕림해 주시고 우리를 격려해주신 데 대해 다시 감사드립니다. 잠시 워싱턴에 도착해서 내 마음속에 일어난 감회를 표현해야겠습니다.

어디에서건 미국 시민들은 우리를 진심으로 맞아주었습니다. 그뿐이 아닙니다. 우리가 어디를 가든 그들은 거리에서 손을 흔들며 즉시 모여들었습니다. 이는 실로 감동적인 광경이었으며, 우리는 깊은 감명을 받았습니다. 우리는 가슴 벅찬 격려와 희망을 듬뿍 안고 이곳을 떠날 것입니다. 미국 정부뿐만 아니라, 미국의 모든 국민이 우리의 친구로구나 하는 느낌을 갖고 말입니다.

오늘 저녁, 내가 이 연회장 입구에 서 있을 때, 누군가 내게 다가와 일정이 빠듯하니 정말 피곤하겠다고 말을 건넸습니다. 나는 즉시 아니라고 대답했답니다. 친구들을 만나는 것은 피곤하지 않은 법입니다. 오히려 여러분이 우리 때문에 피곤하지나 않을까 우려돼서 우리가 먼저 이 자리를 떠나야 할 것 같습니다.

신사 숙녀 여러분,

나는 현 미국 정부의 건투와 성공을 위해, 미국의 번영을 위해, 지구상의 평화를 위해, 그리고 아이젠하워 대통령 내외를 위해 축배를 제안합니다. 우리는 모두 평화를 원합니다. 그러나 그 평화를 어떻게 이루느냐 하는 것이 우리의 숙제입니다. 나는 전지전능하신 하느님이 지구상에 평화를 내려 주실 것을 기도하고 희망할 따름입니다. 여러분들에게 장황한 연설을 하지 않기로 약속했습니다. 자, 신사 숙녀 여러분, 아이젠하워 대통령 내외의 건강과 성공을 위해서 건배합시다."

이어 아이젠하워 대통령도 축배를 제안하면서 말했다.

"자유를 사랑하고 자유를 위해 싸울 준비가 돼 있는 국민들은, 때로는 서로 간에 견해 차이를 보이지만 진정한 형제요, 참된 전우요, 함께 희생할 준비가 돼 있는 전사들입니다.

우리가 이 대통령의 방미를 계기로 논의하려는 것은 자유를 위해서 싸우는 방법과 수단에 관한 것입니다. 인간이란 모든 문제에 대한 답을 늘 예견할 수는 없습니다. 그러나 역사에서 여실히 증명되듯이 우리가 목표를 잃지 않고, 모든 자유국가의 초석이 되는 기본정신을 잊지 않는다면, 결국 독재는 사라지고 자유만이 존재하게 될 것입니다."

양국 지도자의 연설에 이어 김자경1917~1999, 소프라노 가수로 많은 성악가를 길러낸 교육자로 평생을 살았던 한국 오페라계의 산증인과 황재경1906~1984, 독립운동가, 목사, 미국의 소리 방송 아나운서, 국악인, 만담가, 톱 연주자 등의 연주와 전통 무용이 펼쳐져 행사의 즐거움을 더했다.

만찬회는 화기애애한 분위기 속에 진행돼 밤 11시에 끝났다. 이 대통령 내외는 아이젠하워 내외와 호텔 현관까지 함께 가서 전송한 후 숙소인 영빈관으로 돌아왔다.

9
워싱턴에서의
일정

마운트 버넌 방문

9

워싱턴에서의
일정

1954년 7월 29일 아침 9시 20분, 이승만 대통령은 워싱턴 인 근의 관광명소 마운트 버넌Mount Vernon을 찾았다. 워싱턴에 서 남쪽으로 24㎞ 거리에 위치한 이곳에는 미국 초대 대통령 조지 워싱턴이 살던 저택과 농장, 그리고 그가 묻힌 곳이 있다.

포토맥강이 훤히 내려다보이는 명당에 자리 잡은 미국 국립사 적지 마운트 버넌은 외국 원수들이 워싱턴을 방문하면 의례적으로 찾는 곳이며, 일반 관광명소로도 소문난 곳이다.

조지 워싱턴을 누구보다 흠모했던 이승만은 망명 시절 이곳을 여러 번 방문했고, 내력을 훤히 알고 있었다. 그곳 관리인의 건물에 대한 설명을 들으며 저택 내부를 둘러본 후, 이 대통령은 수행하 는 한미 양국 관리와 군 지휘관, 기자들을 건물 밖 잔디로 데리고 나갔다. 그리고 그들에게 자신의 옛 경험담을 들려주기 시작했다.

123

"내가 이곳을 처음 방문한 것은 1905년이었습니다." 그러면서 그는 옆에 있는 미국 기자에게 말했다. "그때는 당신이 태어나기 전일 것입니다. 당시 나는 조지워싱턴대학교의 학생이었습니다. 일본이 점령하고 있던 조국, 한국을 떠나 미국에서 망명 생활하던 때였답니다."

그리고 다시 일행들에게 포토맥강의 굽은 지점을 손으로 가리키며 과거를 회상했다. **"저녁에 저곳을 지나는 배 위에 달빛이 근사하게 비추던 것을 보면서 고향 생각이 절실했습니다."**

이어 이 대통령은 일행을 정원으로 인도해 미리 준비된 장소에 서울에서부터 가져온 붉은색 단풍나무를 심었다. 그리고 장난스럽

마운트 버넌에 한국 벚나무 식수

게 그곳 관광명소의 책임자에게 경고조로 말했다.

"이 나무가 자라거든 '일본 단풍'이라는 푯말을 붙이지 마시오. 이 단풍은 난쟁이 같은 일본종과는 엄연히 다른 '한국 단풍'이라오."

필자는 2005년 이곳을 찾아가 이 대통령이 식수한 단풍나무가 있는지 확인하고자 했으나 뜻을 이루지 못했다. 세월은, 그리고 권력은 그렇게 무상했다. 그러나 아쉽지만 마운트 버넌이 아닌 워싱턴 시내에 이 대통령이 식수한 다른 벚나무가 살아있는 것을 알고 위안으로 삼았다. 그곳은 다름 아닌 아메리칸 대학American University이었다.

잠시 역사의 현장으로 가보기로 하자. 1943년 4월 8일, 아메리칸 대학 교정에서 대한민국 임시정부 수립 24주년을 경축하는 기념행사가 열렸다. 주미외교위원부·한미협회·한미기독교친우회가 공동 주최한 이날 행사에는 300여 명이 참석했다. 물론 이승만 대한민국 임시정부 전 대통령이 주관한 행사였다.

이 행사에는 당시 아메리칸 대학 총장 폴 더글러스Paul F. Douglass. 1905~1988, 이승만 대통령과 절친했던 인물로 1952~56년 이 대통령의 고문으로도 활동도 한미협회의 회원으로 참석했다. 행사 후, 이 대통령은 제주도에서 가져온 벚나무를 식수하고, 대한의 자유와 독립을 염원했다.

1893년에 설립된 이 대학은 현재 1만 명의 학생이 재학 중이며, 특히 국제관계학부가 유명하다. 바로 이 국제관계학부의 정원에 대한민국의 자유의 나무가 자라고 있으며, 벚나무 바닥에는 이 대통령의 식수를 알리는 표지석이 남아 있다.

어쨌든 이승만 대통령에게는 조지 워싱턴 사적지 마운트 버넌 방문 일정은 남다른 감회를 불러일으켰다. 망명 시절 쓸쓸히 찾았던 이곳을 이제 대규모 수행원을 대동하고 다시 찾았으며, 더구나 저택 입구에서 많은 미국인의 환영을 받았기 때문이다. 그는 그들에게 사인도 해주고 사진도 함께 찍었다.

특히 그곳을 떠나기 전에 어느 여인이 일곱 살 된 조카와 사진 한 장을 더 찍자고 우기는 바람에 공식 일정이 지체되기도 했다. 그러나 이 대통령은 그녀의 요구에 응했고, 한마디 말을 건넸다. **"내게도 사진 한 장 부쳐 주세요."**

알링턴 국립묘지 헌화

알링턴 국립묘지 참배

마운트 버넌에서 출발한 이 대통령은 미국의 영웅들이 안식을 취하고 있는 곳, 알링턴 국립묘지로 향했다. 대통령이 도착하자, 21발의 예포가 발사됐다. 이 대통령은 묘지 사령관의 안내로 준비한 화환을 무명용사 비석 앞에 놓고 잠시 묵념했다. 무명용사 묘에는 20세기의 두 차례 세계대전에서 산화한 무명용사뿐만 아니라, 6·25전쟁에서 희생된 무명용사의 묘표도 세워져 있었다.

이 대통령은 이 국립묘지에 한국산 단풍나무 한 그루를 친히 식수했다. 대한민국 대통령의 첫 번째 알링턴 국립묘지 방문을 영원히 기념하고, 6·25전쟁에서 자유를 위해 산화한 영혼을 추모하기 위함이었다.

링컨기념관 방문

알링턴 국립묘지에서 이 대통령은 수행원들이 미국의 남북 통합을 주창하고 싸워서 결국 승리한 링컨에게 배워야 한다면서 예정에 없던 링컨기념관 방문을 지시했다. 그는 링컨기념관으로 올라가면서 수행원들에게 말했다.

"에이브러햄 링컨은 한국의 비극을 잘 이해할 것으로 생각합니다. 왜냐하면 '우리는 그들의 죽음이 헛되이 소멸되지 않도록 다짐합니다'라는 구절이 나오는 링컨의 게티즈버그 연설이 남북전쟁의 판

링컨 기념관 방문, 링컨 대리석상에 헌화

도를 바꾸었듯이, 오늘의 남북한 관계에도 적용될 수 있기 때문입니다. 나는 공산 침략을 분쇄해야만 한다고 생각합니다."

기념관에 들어선 이 대통령은 링컨의 대형 대리석 석조상 앞에서 2분간 기도하듯이 고개를 숙이고 서 있었다. 이어 출구 쪽으로 발길을 돌렸다. 그때, 그를 쳐다보던 관광객들이 박수를 보냈다. 어느 여인은 눈가의 눈물을 소매로 훔치며 말했다. "신께서 당신의 나라에 축복을 주시기를 기원합니다." 이 대통령은 발길을 멈추고, 그녀의 손을 붙들고 말했다. **"감사합니다. 당신의 기도가 필요합니다."**

　어디를 가든 이 대통령은 주변에 있는 미국 시민들과 어울렸으며, 아마추어 사진사들을 위해 포즈를 취해 주고, 어린이들에게 자필로 서명해 주었다. 이런 그의 행동 때문에, 미국 정부 경호관들은 여간 신경을 많이 쓰지 않을 수 없었다.

워싱턴 스타 신문사 방문

유적지들 방문을 마치고, 예정대로 영빈관으로 돌아가는 도중에, 이 대통령은 운전기사에게 차를 시내 중심부로 향하도록 지시했다. **"11번가와 펜실베이니아 거리 쪽으로 가도록 해요."** 워싱턴 스타 신문사를 찾아가 발행인을 만나고 싶어서였다. 서양식 의전에 어긋나는 행동이었지만, 이 대통령은 개의치 않았다.

　자동차 행렬은 스타 빌딩 앞에 멈췄다. 대통령 일행은 차에서 내려 엘리베이터의 용적이 허용하는 한 빼곡하게 끼워 타고 6층으로 향했다. 그리고 워싱턴 스타의 사무엘 카프먼 회장 사무실로 불쑥 들어섰다. 그러나 카프먼 회장은 출타 중이자, 맥켈웨이 편집인의 사무실로 들어가 그에게 악수를 청했다.

깜짝 놀라는 편집인에게 이 대통령은 6·25전쟁 기간 중, 이브닝 스타 신문이 한국에 대해서 호의적인 태도를 보여 준 데 대해 감사의 뜻을 표했다. 맥켈웨이 편집인은 직접 방문해 주어서 감사한다고 말했다.

이 대통령의 파격적인 행보는 계속됐다. 망명 시절 사귄 워싱턴 세네터스 야구 구단주 클라크 그리피스Clark Griffith, 1869~1955의 자택을 예고 없이 찾은 것이다. 마침 그리피스가 부재중이라 그의 부인과 만나 반갑게 인사를 나누고 나왔다.

10

제2차 정상회담

-아이젠하워와 불화

이승만 대통령과
양유찬 주미대사
(백악관에서)

10

제2차 정상회담
-아이젠하워와 불화

위싱턴과 인근의 사적지, 워싱턴 스타 신문, 그리고 미국의 유명한 야구왕이자 구단주인 그리피스 자택을 방문한 이 대통령은 같은 날, 즉 1954년 7월 29일 오후, 백악관에서 제2차 정상회담을 가졌다. 이 회담은 세계 정상외교 역사상 전례가 없을 정도로 험악했다. 그 단초를 제공한 사람은 아이젠하워였고, 이유는 한미관계가 아닌 한일관계 때문이었다.

2011년 8월 1일, 일본 자민당 소속 중의원 2명, 참의원 1명 등 3명이 울릉도 방문을 강행하려다 김포공항에서 입국이 금지되고, 9시간 농성 끝에 되돌아가는 희대의 정치쇼가 벌어졌다. 이들은 독도문제를 이슈화하려는 천인공노할 노림수를 숨기지 않고, 이런 간악한 쇼를 벌였다. 우리가 참으로 경계해야 할 것은 이런 정치쇼의 배후에 일본 정부와 국민이 있다는 사실이다.

동서고금의 정치지도자들 중에서 이승만 대통령만큼 일본을 잘 알고, 철저하게 항일·반일 운동을 했던 인물을 찾기 힘들 것이다. 그는 독립운동 시절은 물론, 미국 망명에서 귀국한 후, 그리고 집권 시절 반일의 선두에 섰다. 그의 반일은 반공보다 더 우선이었다.

그의 반일 사상이 어느 정도였는지를 보여주는 생생한 일화가 있다. 이는 제2차 한미정상회담에 얽힌 비화이며, 이 대통령 방미 당시 주미한국대사관의 한표욱 정무공사의 회고록 『이승만과 한미관계외교』에 등장한다. 당시 그는 회담에 참석할 수 없었지만, 참석했던 양유찬 대사로부터 직접 들은 얘기이므로 신빙성이 있어 보인다.

당시 공보처에서 발행한 영어 원서에는 제2차 정상회담에 관한 내용이 고작 4줄이 전부다. 번역해서 소개하면 아래와 같다.

> "1954년 7월 29일 오후 2시 30분, 이승만 대통령과 아이젠하워 대통령은 보좌관들을 대동하고 백악관에서 만나 제2차 한미정상회담을 가졌다. 한국의 경제, 군사적인 현안들을 논의한 이 회담은 90분 동안 계속됐다."

90분이나 되는 회담의 내용을 이렇게 소개한 것을 보면, 한미 양국 대통령 사이에 불화가 있었음을 시사해 준다. 자, 이제 한표욱 공사로부터 제2차 한미 정상회담에 관한 비화를 들어 보기로 하자.

일반적으로 정상회담 후에는 공동성명이 발표된다. 제2차 한미 정상회담도 그런 차원에서 준비됐다. 그런데 미국 측, 구체적으로는 미 국무부가 우리 측과 사전에 협의도 없이 일방적으로 이 대통령을 자극하는 성명서 초안을 작성한 것이 문제였다. 즉 미국 측 성명서 초안의 제3항에 '한국은 일본과의 관계에 있어서 우호적이다'라는 문구가 들어 있었다.

이 초안을 본 이 대통령은 불쾌한 표정이 역력했다. 그는 평소 대한민국과 일본이 국교 정상화에 이르는 데는 상당한 시간이 필요하다고 믿었다. 또한 6·25전쟁 후, 미국의 아시아 정책이 너무 일본에 치중하는 데 대해 우려하고, 미국이 한국에 대한 경제와 군사 원조를 강화해서 아시아 자유의 확산 및 평화 구축의 보루로 삼아야 한다고 주장했다.

그런데 한일관계에 관한 뜻밖의 언급이 포함된 미국 측의 성명서 초안이 정상회담 1시간 전에 우리 측에게 전달된 것이다. 이는 국제관계에서 심각한 결례이며, 약소국에 대한 강대국의 월권행위였다. 이 대통령은 즉시 최순주 국회부의장, 손원일 국방부장관, 양유찬 대사 등 공식수행원들을 불러 모아 불편한 심기를 적나라하게 토로했다.

"이 친구들이 나를 불러 놓고 드디어 올가미를 씌우려는 작전을 시작한 모양인데, 이런 상황이라면 아이젠하워를 만날 이유가 없지 않은가?"

워낙 노발대발하는 어조였기 때문에 수행원 중 그 누구도 감히 입을 뗄 수 없을 정도였다고 한다. 이 대통령은 분을 삭이지 못하고 회담 시간이 됐는데도 백악관으로 출발할 생각조차 하지 않았다. 결국 총대를 멘 것은 손원일 국방부장관과 백두진 경제조정관이었다.

"각하, 가셔야 합니다. 가셔서 싫은 것은 싫다고 말씀하셔야지, 가시지 않으면 걷잡을 수 없는 상황이 벌어집니다."

이 대통령은 결국 백악관으로 향했고, 10분 늦게 회담장에 들어섰다. 아이젠하워 대통령과 덜레스 국무부장관은 언짢은 기색이 역력했다. 이 대통령이 회담장에 들어서며 늦어서 미안하다는 말은 일절 없이 차갑고 딱딱한 표정을 하고 있었기 때문이었다.

이렇게 어색한 분위기 속에 아이젠하워가 먼저 말문을 열었다.

"어제 귀국의 헌병사령관 원용덕 장군이 휴전협정에 의거해 파견된 체코와 폴란드 중립국 감시위원단의 공산 측 대표들에게 한국을 떠나라고 경고했다고 합니다. 이게 어찌 된 일입니까?"

이 대통령은 기다리기라도 했다는 듯이 되받아쳤다.

"그들은 스파이입니다. 우리 군사기밀을 정탐하는 데에만 열중하고 있었습니다. 더구나 이들이 미국이 제공한 헬리콥터를 타고 우리나라 방방곡곡을 다니면서 귀하의 나라 군부대 시설까지 정탐하고 있는 사실을 알고 있습니까?"

아이젠하워는 놀라는 표정을 지었고, 동석 중인 주한유엔군사령관에게 사실 여부를 확인하자, 사령관은 즉시 사실이라고 보고했다. 아이젠하워는 잠시 말문을 열지 못했다.

우리는 여기서 이승만 대통령이 얼마나 용의주도한 인물인지를 다시 한번 실감할 수 있다. 그는 미국 측이 틀림없이 한일관계를 이슈화할 것에 대비해서 중립국 감시위원단의 공산 측 대표의 퇴출에 대한 카드를 준비해 놓고 있었던 것이다.

참고로 원용덕 헌병사령관은 1954년 7월 30일(미국시간: 제2차 한미정상회담이 개최된 7월 29일) 중립국 감시위원단 공산 측 대표에게 퇴거를 경고하는 담화를 발표했으며, 이 대통령은 7월 31일(한국시간: 8월 1일) 워싱턴에서 중립국 감시위원단 철수 요구에 관한 성명을 발표함과 동시에 휴전협정이 효력이 없음을 선언했다.

이어서 회담의 화두가 한일관계로 넘어가자, 이 대통령은 **"내가 대통령에 재임하는 동안, 일본과는 상종하지 않겠다"**는 극단적인 발언을 했다. 아이젠하워는 화난 표정으로 자리에서 일어나 회의장 옆방으로 가버렸다. 이 대통령은 그의 뒷모습을 보며 우리말로 **"저런 고얀 놈이 있나, 저런"**이라고 말하며 흥분을 감추지 못했다.

아이젠하워가 화를 삭이고 들어와 한일문제는 보류하고 다른 의제로 넘어가자고 제안하자, 대한민국의 자랑스러운 대통령은 다음과 같이 통쾌한 답례를 하고 아예 회의장을 떠나버렸다.

> **"내일 외교기자클럽에서 중요한 오찬 연설이 있는데, 준비를 위해 먼저 일어나야겠습니다."**

이승만은 이런 인물이었다. 아무리 미국의 신세를 지고 있지만, 국가지도자로서 자존심과 품격에 손상을 입을 수는 없다는 당당함을 갖고 있었다. 또한 상대가 우리를 얕볼 때 이를 용납하면, 결국 걷잡을 수 없이 양보하게 된다는 사실도 익히 알고 있었다.

회담장을 나온 이 대통령은 밖에서 기다리고 있던 기자들로부터 질문을 받았다. 회담장의 분위기가 어떠했는지 알 리가 없는 기자들은 질문을 쏟아냈다. 우선 미 의회 연설에서 이 대통령이 제안한 아시아 해방을 위한 새로운 전쟁에 대한 논의가 있었냐는 질문에 대해서, 이 대통령은 토론된 바 없다고 잘라 말했다.

이어 어느 기자가 질문했다. "미 의회에서 제안한 중국 본토 회복에 관한 반공 전쟁에 대해서 아이젠하워 등 미국 정치인과 군사 지도자들에게 실망했습니까, 아니면 고무되었습니까?" 이 대통령은 나지막한 어조로 반문했다. **"도대체 내가 미 의회에서 무슨 제안을 했다는 말이오?"** 이는 당시 이 대통령의 심기를 잘 대변해 주고 있었다.

이승만 대통령이 회의장을 나와 버리자, 미국 측 대표도 아이젠하워를 따라 퇴장하려는데, 주미한국대사관 양유찬梁裕燦, 1897~1975 대사가 양국 정상이 자리를 비웠더라도 회의는 계속해야 한다며 특유의 친화력으로 이들을 가로막았다. 양측은 가까스로 회담의 파행을 수습하고 공동성명을 만드는 데 합의했다.

여기서 잠시, 양유찬 대사에 대해서 언급하고자 한다. 그는 아주 어릴 적에 부모를 따라 하와이로 이민 갔으며, 이승만의 하와이 망명 시절 한인교회의 학교에 다니던 총명한 학생이었다. 의과대학 졸업 후, 그는 하와이에서 산부인과를 개업해 크게 성공했고, 이승만의 독립운동을 도왔다. 6·25전쟁 발발 후에는 피란지 부산에서 이승만 대통령으로부터 주미한국대사를 맡아 달라는 부탁을 받고 외교관 생활을 시작했다.

외교가 무엇인지도 몰랐던 그는 1951년 초부터 4·19혁명 직후까지 무려 9년 이상을 주미한국대사로 근무했다. 전무후무한 장수 기록이다. 그는 탁월한 영어 실력, 유머 넘치는 화술로 미국의 지도급 인사들과 친분을 쌓았으며, 미국의 각지를 돌며 강연 등을 통해 대한민국을 알리고, 반공의 중요성을 역설했다.

그의 연설문들을 모은 책 『Korea against Communism』(반공 국가 한국, 1966)을 보면 그가 얼마나 부지런한 인물이었으며, 자신을 버리고 대한민국의 국익을 위해 헌신했는지를 알 수 있다.

11
조지워싱턴대학교
연설

조지워싱턴대학에서
명예박사학위 취득

11

조지워싱턴대학교
연설

19 54년 7월 30일 오전, 이승만 대통령은 50년 전에 그가 다녔던 조지워싱턴대학교를 찾았다. 1905년 2월, 그는 이 대학의 찰스 니덤Charles W. Needham·1848~1935 총장의 특별 배려로 2학년에 특별 입학할 수 있었다.

당시 30살을 넘긴 늦깎이 학생이었다. 더구나 그는 고종황제의 밀사로, 주미한국공사관 직원으로, 그리고 외아들을 키우는 아비로서 학업에 전념하기 힘든 형편이었다. 그러나 불굴의 학구열은 그의 게으름을 용납하지 않았다. 그런 추억과 애환이 어린 모교를 다시 찾은 이 대통령의 감회는 남달랐다.

조지워싱턴대학교는 이날 특별 학위 수여식을 열고 그에게 명예법학박사 학위를 수여했다. 수여식은 리스너 강당에서 개최됐다. 행사에는 대학교 이사 및 교직원 이외에 외교단, 상하원 외교위원회 소속 의원, 워싱턴시 공무원, 대학 행정요원 및 동창회 회원, 워싱턴의 문화·시민단체 인사들이 대거 참석했다.

클로이드 마빈Cloyd Marvin·1889~1969 총장은 이 대통령을 다음
과 같이 소개했다.

"조지워싱턴대학교의 아들, 높은 분별력과 기독교적 품성이 결합된
진지한 인물, 지루한 기다림의 세월 속에 고통·절제된 용기·공공의
복리를 위해 필수불가결한 희생정신이 요구됐던 시기에 불굴의 인
내·조용한 의지·심오한 정신적 힘을 가지고 자신과 국민들을 위해
일했던 애국자이자 지도자, 정의에 항상 민감하게 동의하는 인물,
동양적인 것을 서양적인 것으로 서양적인 것을 동양적으로 해석하
는 비범한 재능을 지닌 인물―이승만 대한민국 대통령님, 우리는
당신이 짧은 시간이지만 이곳에 방문해 준 것을 매우 반갑게 생각
합니다. 우리 대학교 이사회와 교수회의를 대신해 당신께 명예법학
박사 학위를 수여함을 영광으로 생각합니다."

이어 이승만 대통령은 박사학위를 받은 후 연설을 시작했다. 그날
의 역사적인 현장으로 독자 여러분을 초대한다.

조지워싱턴대학교 연설 전문
1954.7.30.

마빈 총장, 대학 이사회, 교직원, 학생, 신사 숙녀 여러분,
    무엇보다 먼저, 오늘은 내게 자랑스러운 날이라는 점을 말씀드리
고 싶습니다. 이 무더운 평일의 귀중한 아침 시간에 나를 축하해 주기
위해 이 자리에 모여 주신 친구들에게 어떻게 감사하다고 말씀을 드

려야 할지 모르겠습니다.

이 학위는 아마 그간 내가 받았던 그 어느 유사한 인증서들보다 값진 것이 아닐까 합니다. 여기는 나의 모교이고, 여러분은 나를 우리의 위대한 모교의 값진 아들이라고 인정함으로써 나를 매우 자랑스럽게 만들어 주었습니다.

교직원과 학생 여러분, 내가 여기서 공부한 지 반세기 만에 대학교를 이만큼 훌륭하고 성공적으로 일궈 낸 여러분에게 축하의 말씀을 드리고 싶습니다.

처음 조지워싱턴대학교에 등록했을 때, 나는 컬럼비안 문과대학으로 가서 알렌 윌버 학장에게 등록하라는 얘기를 들었습니다. 그래서 그곳을 찾아갔습니다. 북서쪽 14번가와 지(G) 거리의 모퉁이에 있는 낡은 벽돌 건물이었습니다. 그 건물은 후에 허물어졌고, 오늘은 그 위치조차 거의 찾을 수 없게 되었습니다.

윌버 학장에 대해서 좀 말씀드리고자 합니다. 그는 모든 교수와 학생들로부터 교육자의 귀감이요, 나무랄 데 없는 기독교 신사로서 존경받는 분이었습니다. 윌버 학장의 강의, 연민의 정으로 학생들을 대하는 태도는 이후 줄곧 나의 삶에 영감을 불러일으키는 원천이 되었습니다.

당시 내가 조국을 떠나 미국에 오게 된 것은 대학교육을 받겠다거나, 대학에서 학위를 받으려는 것이 아니었다는 점을 말씀드려야만 하겠습니다. 나는 대한제국 정부로부터 한국의 독립을 위해서 일하라고 파견되었던 것입니다.

그때 나는 주미한국공사관에서 일하고 있었는데, 여가를 내어 대학교육을 받아야겠다고 생각했습니다. 그 이유는 한국으로 귀국했을 때 도움이 될 것이라는 판단이 섰기 때문입니다. 그런데 마침 조지워싱턴대학교는 워싱턴 내에서 유일하게 정부에서 일하는 학생들을 받아들이는 프로그램을 갖추고 있어서, 나는 이 대학에 등록할 수 있었습니다.

내가 조지워싱턴대학교에 관심을 가졌던 또 다른 이유는 조국에 있을 때부터 미국 독립의 아버지인 조지 워싱턴을 열렬히 흠모했기 때문입니다. 한국의 독립을 위해 일하고 있던 나로서는 조지워싱턴대학교야말로 내게 꼭 들어맞는 학교로 여겨졌습니다.

나는 최선을 다해 충실히 학업에 열중했고, 미국 민주주의의 중심부에서 민주정부의 운용방식과 그것이 어떻게 국민의 자유를 보호하는지를 배웠습니다. 이는 내 삶의 진정한 초석이 되었고, 이곳에서 배운 것은 내 조국의 자유를 위한 투쟁에 있어서 큰 도움이 되었습니다.

나중에 내 친구들과 우리 국민이 나를 국부國父라고 불렀는데, 이 말이 진실인지 혹은 그렇지 않은지 나는 모릅니다. 그러나 그것이 정말이라면, 이는 틀림없이 내가 조지워싱턴대학교를 다닌 것과 관련이 있습니다.

그러나 시련이 없는 경험은 없었습니다. 내가 처음 수업을 받을 때, 나의 영어는 완전하지 못했습니다. 솔직히 말해서 내 영어는 그 당시나 그 이후나 완전하지는 않습니다. 그래서 영어에 능숙해지려고 최선을 다했습니다. 그러나 여러분도 아시다시피, 도대체 교수들은 왜 그렇게 빠른 영어로 말했는지 나는 아직도 의아합니다.

어쨌든 나는 여러분에게 조지워싱턴대학교의 충실한 아들의 하나가 되고자 열심히 노력해 왔다고 분명히 말씀드릴 수 있습니다. 나는 여러분도 모두 이 위대한 대학, 우리의 조지워싱턴대학교에 대한 자긍심을 갖고 있다고 확신합니다.

오늘 이 자리에서 얘기하고 싶은 또 다른 것이 있습니다. 여러분도 아시다시피, 나는 두 가지 일, 즉 자유와 민족 자결을 위해서 투쟁해 온 사람입니다. 특히 광활한 영토와 많은 인구라는 천부적인 이점을 가지지 못한 약소국들의 자유와 민족 자결을 위해서 말입니다.

가치 있는 사회를 이루는 이 근본적인 두 가지 요소가 바로 이 순간 심각한 위험에 처해 있습니다. 국내적·국제적인 공산주의 조직들이 개인적 자유의 존립과 민족주의의 전체 구조를 위협하고 있습니다. 공산주의자들은 인간을 아무런 제약도 받지 않고 크렘린의 독재자들이 통치하는 범세계적인 국가의 노예로 만들려고 합니다.

공산주의 철학자나 행동가들은 누구도 이러한 목표를 숨기려고 하지 않습니다. 그러나 이러한 그들의 목표를 듣거나 그들의 목표에 따라 행동하기를 거부하는 사람들과 나라들이 많습니다. 그리고 그들 중 일부는 지금 자포자기한 채 우리를 떠났습니다.

나는 우리가 변해야 한다고 봅니다. 그것도 매우 신속하게 말입니다. 그렇지 않으면, 공산주의자들은 조만간 압도적인 힘을 얻는 데 성공할 것입니다. 일단 그들이 이를 성취하면, 문명 그 자체를 파괴해 버릴지도 모를 또 다른 세계전쟁으로 이 세계를 몰고 갈 것입니다.

그렇게 되면 우리가 승리하든 패배하든 그 대가는 재앙 그 자체일 것입니다. 변화란 행동으로 옮겨져야 한다는 것이 나의 생각입니다. 우리는 공산주의에 대해서 고통스럽지만 위험하지는 않은 흔한 감기처럼 대수롭지 않게 말하는 것을 중지하고, 공산주의를 치명적인 바이러스로 여기고 그 퇴치를 위한 투쟁을 시작해야만 합니다.

미국과 모든 자유국가의 대학들은 이러한 투쟁의 선봉에 나서야 합니다. 모든 전투가 총포나 힘의 위협으로 승리하는 것은 아닙니다. 폭력은 공산주의의 무시무시한 수단 중의 하나에 지나지 않습니다. 공산주의는 인간의 마음속에—이른바 사상적 영역에—그릇된 가치관을 심어서 검은색을 흰색으로 만들기도 합니다. 그리고 마침내 누구도 빠져나갈 수 없는 사상적 통제를 구축하는 것입니다.

교육의 역할은 공산주의가 지성에 반하는 것임을 연구하고 폭로하는 것이며, 사상의 자유가 귀중한 것이라고 주장하는 모든 사람에게 공산주의자들이 언제나 이러한 귀중한 가치를 파괴하려 한다는 사실을 보여주는 것입니다.

지금은 교육과 교육자들이 단지 공산주의의 과도함에 대해서 유감을 표시하는 것으로는 충분치 않습니다. 투쟁할 자유가 존재하는 동안, 교육도 자신의 자유를 위한 투쟁을 시작해야 합니다.

여러분에게 닥쳐온 위험이 매우 큽니다. 공산주의가 권력을 장악하는 바로 그 순간, 탐구의 권리를 파괴하기 때문입니다. 자유로운 대학, 자유로운 학부, 자유로운 학문—이 모든 것은 소비에트의 힘이나 유혹에 굴복한 나라들에서는 허용되지 않는 미지의 세계입니다.

그러므로 여러분에게 말하고자 합니다. 여러분은 중립적일 수 없습니다. 속세와 절연된 강의실에서 앉아서 자유세계가 파멸의 비극으로 휩쓸려 들어가는 것을 수수방관해서는 안 됩니다. 여러분은 공산주의에 대항해서 싸우는 자유인들의 편에 서야 합니다. 그렇지 않으면, 여러분의 무관심이 자신과 다른 사람들의 운명을 매우 위태롭게 만들 수 있습니다.

나는 여러분 중 다수가 이미 투쟁하고 있을 것으로 생각하며, 그러하기를 희망합니다. 그렇지 않으면 여러분은 적색분자들과의 투쟁에 헌신하고 있는 사람과 국가에 대해 결코 떳떳하지 못한 것입니다. 공산주의와 그 위험을 아는 우리는 자유를 지키기 위해서 단결해야 합니다.

나의 친구들이여, 지금은 바야흐로 우리의 생존을 위한 단결과 행동이 필요한 때입니다. 우리 함께 학문의 자유를 위해서뿐만 아니라, 전 세계의 모든 국민이 완전한 자유를 누릴 수 있도록 투쟁해 나갑시다.

1954년 7월 30일 오전, 이승만 대통령이 조지워싱턴대학교에서 연설하는 시간에 한미 양국 정부는 공동성명서를 발표했다. 의례적인 6개 문단으로 구성된 245단어(영문) 분량의 연설 전문은 아래와 같다.

한미 공동성명 전문

1954.7.30.

"우리는 여러 가지 상호 관심사에 관해서 유익하고도 진지한 의견교환을 했다. 이러한 협의는 우리 양국 간에 존재하는 우의를 증진했으며, 우리의 목표가 확고하다는 것을 더욱 명백히 보여줬다.

1953년 8월 8일, 이승만 대통령과 덜레스 국무부장관은 만일 1953년 7월 27일에 조인된 휴전협정에 따른 정치 회의가 한반도 문제에 만족할 만한 해결을 도출하는 데 실패한다면, 대한민국과 미국은 다시 협의할 것이라는 데 합의했다.

이 회담은 1954년 4월 26일부터 6월 15일까지 제네바에서 개최됐다. 그러나 동 회의에서 공산주의자들은 유엔감시 하의 진정한 자유 선거에 입각한 한반도 통일 방식을 수락하기를 일절 거부하고, 그 대신 한국 국민의 자유 소멸을 직접적으로 그리고 불가피하게 초래할 수도 있는 합의안을 계속 강요했다.

우리는 유엔헌장 및 한반도 문제에 관한 유엔총회의 결의에 따라서 통일·민주·독립 국가 한국을 이룩하기 위해서 전진하려는 우리의 의도를 재확인했다. 제네바 회의가 한반도 문제를 해결하는 데 실패했음에 비춰 우리는 이 목표의 달성을 위해서 계속 노력하는 방법을

토의했다.

우리의 군사 및 경제 고문들은 양국에 관계되는 공동이익 문제에 관해서 더 상세한 토의를 계속할 것이다.

끝으로 우리는 한국 문제에 관한 우리의 공동목표를 달성하기 위해 긴밀하고 호혜적으로 함께 노력한다는 결의를 재천명하는 바이다."

12

미국 외교기자클럽
오찬 간담회 연설

The Washington Post

이승만 대통령의
미국 외교기자클럽 연설을
상세히 보도한
워싱턴포스트

Further-Explanation

By Chalmers M. Roberts Staff Reporter
The Washington Post and Times Herald: Jul 31, 1954
pg. 1

Rhee Whittles Down China War Proposal

By Chalmers M. Roberts
Staff Reporter

South Korean President Syngman Rhee yesterday did a surprising flip-flop on his Wednesday call to Congress for an American-backed war on Communist China and "perhaps" an American air attack on the Soviet Union.

The 79-year-old Rhee, in a luncheon talk to the Overseas Writers Club, said he had not meant to suggest that the United States go to war "immediately" but that he had only been presenting a long term policy for America.

Rhee said Congress appar-ently got the wrong impression from his speech because, in cutting down the first draft, he had had to leave out some "background." He called on Congress to read his speech of yesterday.

On Wednesday, the "hard doctrine," as Rhee had described his own proposals, had met with utter and complete silence from members of both parties and of both Senate and House. Subsequent comment made it clear that even the strongest friends of the South Korean regime and of Nation-

See RHEE, Page 2, Col. 6

12

미국 외교기자클럽
오찬 간담회 연설

미국을 방문하는 외국 국가 원수들의 경우, 정상회담 이후 양국 국가 원수가 공동기자회견을 갖는 이외에 별도로 특정 미디어와 회견을 하든지, 내셔널프레스클럽National Press Club 등과 같은 단체의 초청을 받아 수백 명의 기자 앞에서 연설하고 질의응답을 받는 것이 보통이다.

이승만 대통령은 1954년 7월 30일 정오, 미국 외교기자클럽The Overseas Writers Club의 초청으로 스타틀러 호텔에서 개최된 오찬 간담회에 참석했다. 참고로 행사를 주최한 외교기자클럽은 해외에서 특파원을 했던 미국 기자들의 모임이며, 1921년 설립되어 한때 미국 외교정책 수립에 중요한 역할을 하기도 했으나 2002년 해체됐다.

세계 어느 나라 국가원수보다도 홍보의 중요성에 대해 선구적인 의식을 가졌던 이 대통령으로서는 이 행사에 상당한 관심을 기울였다. 특히 미 의회 연설에 대한 비판적인 뉴욕타임스 사설 등 미국 내 분위기가 좋지 않았기 때문에, 이 대통령은 당초 준비했던 원고를 일부 수정해서 연설했다.

7월 30일 12시 정각, 이승만 대통령이 오찬장에 도착하자, 원형 테이블에 앉아 대기하고 있던 150여 명의 기자가 일제히 기립해 박수로 그를 맞았다. 이 대통령은 헤드테이블에 함께 앉은 기자들과 담소를 나누며 오찬을 끝낸 다음에 연설을 시작했다.

미국 외교기자클럽 연설 전문
1954.7.30.

언론인들에게 이야기한다는 것은 항상 즐거운 일입니다. 그들은 예민한 지성과 강력한 힘을 가진 사람들이기 때문입니다. 자유세계에서 그들은 진실을 찾기 위해서 자신의 지성을 활용하며, 국민의 복리를 위해서 자신의 힘을 행사합니다.

이것이 바로 우리가 말하는 언론의 자유이며, 이것이 바로 모든 자유 중에서 가장 중요한 것의 하나입니다. 언론의 자유가 중요하다는 증거는 의사소통의 자유에 대한 공산주의자들의 태도에서 찾을 수 있습니다. 그들은 언론의 자유를 허용치 않습니다.

신문·라디오와 TV 방송·통신사들은 언제나 적의 최우선 공격 목표입니다. 적도 토머스 제퍼슨의 말처럼 자유국가에는 자유로운 언론이 필수불가결하다는 것을 잘 알고 있습니다. 따라서 그들은 권력을 장악하면 무엇보다 먼저 언론의 목을 졸라 질식시킵니다. 공산주의자들은 정보를 통제해서 진실이 아니라 허위사실들을 전파하고, 재빨리 그들이 항상 노리는 전체주의적 권력을 장악하려고 합니다.

나의 친구들이여, 자유와 민주주의라는 대의를 지키기 위해서 여러분은 없어서는 안 될 중요한 존재입니다. 부디 진실한 보도와 사건의 전모를 전달하는 일을 게을리하지 말아 주시기 바랍니다. 여러분이 그런 파수꾼 역할을 하지 않으면, 공산주의자들이 수십만 아니 수백만의 국민을 속이기 매우 쉬워집니다.

예를 하나 들어 보겠습니다. 나는 특파원이 아니지만, 여러분과 임무가 비슷할 때가 종종 있습니다. 내가 정보를 갖고 있고, 그 정보를 진지하고 충분하게 전달한다면, 세계는 나를 이해할 것입니다. 어떤 이들은 동의하고 어떤 이들은 동의하지 않겠지만, 그들 모두는 내 마음속에 무엇이 담겼는지를 알 것입니다.

그제 나는 위대한 미 의회에서 연설했습니다. 그것은 매우 중요한 연설이었습니다. 당초에 내가 만든 연설의 초안은 꽤 길었고 나도 그런 생각이 들었습니다. 그래서 길이를 줄이면 좋겠다는 내 친구들의 제안을 받아들여 결국 그렇게 했습니다. 그러나 삭제하는 과정에서 복잡한 문제를 몇 마디 단어로 표현하기 위해서 그 배경과 설명을 제외해야 했습니다.

그 결과, 내 강연을 들은 사람들의 일부는 내가 미국에게 즉시 중공과 전쟁을 개시하도록 촉구한 것으로 이해했습니다. 이는 사실과 다릅니다. 나는 자유세계의 보전에 필요하다고 생각되는 장기적인 정책을 미국이 고려해 보도록 제시했던 것입니다. 그러나 내 뜻을 분명하게 밝힐 정도로 충분히 말하지 못했습니다.

오늘 여러분이 양해해 주신다면, 이 자리에서 그제 나의 미 상하원 합동회의 연설을 연장해서 하고 싶습니다. 그 연설의 배경과 함께 내용을 부연 설명함으로써 나의 의도와 제안에 대해서 일절 오해가 없도록 확실히 해 두고자 합니다. 문제가 너무 중대하므로 다양한 뉘앙스로 해석되거나 오해의 소지가 있도록 내버려 둬서는 안되겠습니다.

우선 시간을 되돌려서 내가 미국을 방문하게 된 최초의 제안에 관해서 얘기하기로 하죠. 여러분은 작년(1953년)에 덜레스 국무부장관과 로버트슨 국무부차관보가 한국을 방문한 사실을 기억할 것입니다. 이들은 내게 미국에 가서 아이젠하워 대통령을 만나고, 미국을 잠시 둘러보는 것이 어떻겠냐고 제안했습니다.

그들은 나의 방미가 한국과 미국의 관계를 더욱 긴밀하게 만드는 데 기여할 것이라고 말했습니다. 사실 나 역시 미국을 방문해서 옛 친구들도 만나고, 내가 그토록 사랑해 마지않는 그리운 곳들도 다시 찾아보고 싶은 마음이 간절해서 동의했지만, 명확한 합의는 할 수 없었습니다. 그런데 이후 국내 형편이 어렵게 되어 그 이유를 설명하고 최초의 미국 측 초청을 사양했습니다.

그런데 1953년 7월 27일 6·25전쟁 휴전협정이 체결되고, 그 후속 회담인 1954년 7월 제네바 회의가 성과 없이 끝나자, 한반도 상황은 완전히 다른 모습으로 변했습니다. 우리는 역사적인 기로에 서게 되었으며, 마찬가지로 한미관계도 전환점에 놓이게 되었습니다. 즉 한반도 문제 해결의 새로운 길을 모색할 필요성이 대두되었던 것입니다.

사정이 이러하니 나는 미국에 가서 아이젠하워 대통령과 그 밖의 미국 정부 지도자들과 조용히 협의하는 게 좋겠다는 생각이 들었고, 이번에 이곳에 오게 된 것은 바로 그 때문입니다.

자, 이제 한반도 문제, 즉 민주적이고 평화적인 한반도 통일에 동의하지 않으려는 공산주의자들 때문에 나타나는 상황을 직시해 봅시다. 지금의 문제는 바로 어떻게 공산주의자들을 한반도에서 몰아내느냐는 것입니다.

나는 군인이 아닙니다. 또한 전문적인 군사 지식이나 통찰력을 가진 척하지 않겠습니다. 그러나 한국군은 큰 희생이나 제3차 세계대전을 초래하는 심각한 위험이 없이도 한반도에서 공산주의자들을 몰아낼 수 있다고 믿습니다. 대한민국 군대는 이런 일을 계획하고 있습니다. 나는 미국 군사 당국자들이 이 계획의 실현 가능성에 동의하기를 희망했고, 또한 미국의 협조를 요청했습니다.

나는 그들이 나에게 호의적인 반응을 보여서 미국의 지원을 믿어도 좋겠다고 생각했습니다. 또한 미국이 결코 공산주의의 유화적인 태도에 동조하지 않을 것이라는 나의 믿음도 키워주었습니다. 만일 다르게 생각하는 사람들이 있다면, 그들은 미국 국민의 용기와 민주주의에 대한 확신을 전혀 알지 못하거나 이해하지 못하는 사람들일 것이라고 믿었습니다.

그러나 내가 미국에 도착해 보니, 현재로서는 그 어떤 군사적인 행동에도 반대하는 상당한 여론이 있다는 것을 알게 되었습니다. 한반도 통일에 관한 우리의 제안들이 시기상조일 것이라는 느낌을 받았습니다.

물론 우리는 그것을 포기하지 않았으며, 앞으로도 포기하지 않을 것입니다. 다만, 미국의 여론을 감안해서 한국에 국한된 특별한 권고안을 다루는 것보다는 전반적인 상황을 광범위하게 얘기하는 것이 바람직하다는 생각이 들었습니다. 나의 미 상하원 합동회의 연설은 바로 그러한 수준에 맞춰졌던 것입니다.

내 마음속에 간직해 왔고, 아직도 간직하고 있는 것은 미국이 공산주의자들의 정복 야욕으로부터 민주주의를 구하려고 한다면, 우선 중국을 공산주의로부터 구한다는 결정을 지금 내려야 한다는 것입니다.

중국은 한국 문제뿐만 아니라 아시아 전체 문제의 핵심을 차지하고 있습니다. 중국이 자유화되지 않으면, 아시아의 생명은 지켜질 수 없습니다. 중국을 영원히 잃게 되면, 아시아도 그렇게 될 것입니다. 만일 중국이 공산주의자들의 손아귀에 빠져든다면, 유럽과 다른 대륙들도 불가피하게 그 뒤를 따르게 될 것입니다.

달리 설명하자면, 만약 중공군이 한반도에서 축출되지 않는다면, 대한민국은 구출될 수 없습니다. 만일 한반도의 남쪽이 희생된다면, 중국을 자유화하기가 그 어느 때보다도 어려워질 것입니다. 결론적으로, 중공군이 한반도에서 축출되어야 하는 이유는 바로 여기에 있습니다. 우리가 그 일을 지금 하느냐 아니면 나중에 하느냐는 별개로 하고 말입니다.

우리가 잊지 말아야 할 것은 한반도가 중국 대륙의 내지로 통하는 통로의 하나라는 사실입니다. 나는 내 조국이 홀로 지탱할 수 없다는 사실을 누구보다 먼저 인정하는 사람입니다. 만일 중국이 공산주의자들의 손아귀에 놓이고, 아시아의 다른 지역이 공산 통치하에 들어간다면, 대한민국은 독립국가, 통일국가, 민주국가로 결코 존립할 수 없을 것입니다.

그래서 나는 미 상하원 합동회의 연설에서 미국이 중국을 먼저 구하는 정책을 세워야 우리 모두를 구할 수 있다는 점을 분명히 하려고 노력했던 것입니다. 우리가 중국을 공산주의자들의 손아귀에서 우선 구출한다고 결정한다면, 중국 본토에서의 작전을 위한 길은 대한민국, 대만, 인도차이나의 통로를 거쳐서 열릴 수 있다는 것이 내 의견입니다.

만일, 이와 반대로, 우리가 행동의 우선순위 목록에서 중국을 하위에 둔다면 중국 구출을 가능케 하는 통로를 잃어버리는 중대한 위험에 처하게 됩니다. 나는 미국이 지금 중국을 공격하라고 제안하지 않았습니다. 내가 제안한 것은 미국이 중국을 구하는 데 필요한 결단을 내려야만 한다는 것이었습니다.

그러한 결정이 지금 내려진다면, 우리 모두 장차 해야 할 일에 관한 확고한 계획을 준비하는 데 함께 참여할 수 있을 것이며, 그러한 공동 목표를 추구하는데 협력할 수 있습니다. 나의 제안은 바로 미국이 중국의 해방을 항구적인 정책과제로 삼으라는 것입니다. 그리고 가능한 한 빨리 우리 모두 그 정책을 강화하고 실천하는 노력을 하자는 것입니다.

생각해 보시오, 나의 친구들이여! 공산주의가 얼마나 오랫동안 계획을 세워 왔는지 말입니다. 볼셰비키들이 그들의 청사진을 작성한 것은 40년 전입니다. 이는 전 세계가 다 아는 사실입니다. 그들의 계획은 자기들이 비아냥거리며 일컫는 "민주적이고, 제국주의적이며, 자본주의적인 미국"의 정복을 촉구하는 것입니다.

그러한 정복은 공산주의자들에게는 항상 우선순위 제1번이었습니다. 크렘린의 사주를 받는 공산주의자들은 선전을 통해서 미국이 타도되고 노예화되어야 한다는 점을 주장하고 재천명해 왔습니다. 그들은 그 목표를 말보다는 행동으로 보여 왔습니다. 즉, 이를 위해 지난 40여 년간 밤낮없이 일해 왔습니다.

그러한 계획과 행동의 결과로 공산주의는 도처에서 승리를 거두고 있습니다. 세계 인구의 절반이 지금 공산 통치하에 들어갔습니다. 한때 공산주의에 대항해서 활발하게 투쟁하던 국가들도 지금은 위성국들이 되었습니다. 헤어날 수 없는 적색 진영 속으로 사라져 버린 것입니다.

중국 역시 여러 해 동안 미국의 도움으로 공산주의자들에 맞서 필사적으로 항전했습니다. 미국으로부터 무기, 탄약, 기타 원조가 제공되었고, 얼마간 자유라는 대의를 지키기 위한 전투는 잘 진행되었습니다. 그러나 이때 미국은 갈등을 조장하는 것 아닌가 하는 양심의 가책을 느끼기 시작했습니다. 공산주의에 대항해서 싸우는 일인데도 말입니다.

미국인들은 중국의 내전이 종식되고, 연립정부가 수립되어야 한다고 주장했습니다. 또한 평화가 회복되지 않으면 원조를 철회할 것을 암시하는 압력을 가했습니다. 결국 중국인들은 공산주의와 대항해서 오랫동안 버틸 수 없다는 것을 알게 되었고, 소련 측으로 투항해 버리고 말았습니다.

한국 역시 환멸과 실망을 경험했습니다. 우리에게 국토의 분단은 끔찍한 타격이었습니다. 한국인들은 공산주의자들에 의해서 민주정부와 개인의 자유가 위태롭게 될 때는 미국이 결코 양보하지 않을 것으로 믿었습니다. 그러나 세계정세는 한국의 이익과는 반대로 전개되었고, 우리는 가혹한 시련에 처하게 되었습니다.

일부 한국인들은 오늘의 상황을 분석하면서 우리나라가 너무 과도하게 미국에 의존하는 것 아니냐는 의구심을 보입니다. 그들의 눈에는 미국이 너무 결단력이 없고, 너무 기회주의적 조류에 따라 표류하며, 너무 행동하기 싫어하는 것으로 보입니다. 또한 그들은 공산주의자들이 도처에서 승리하여, 공포가 점점 빠른 속도로 다가오는 것으로 느끼고 있습니다.

중국의 운명과 자유 한국을 위한 지속적인 투쟁은 우리에게 가능한 한 빨리 확고한 정책을 채택해야만 한다는 확신을 갖게 해 주었습니다. 앞서 얘기한 바와 같이, 우리가 미국에 권고하는 정책은 중국을 공산주의로부터 구출하는 결단을 빨리 내리라는 것입니다.

언론인 여러분, 이는 자유 미국의 생존에 직결되는 문제입니다. 공산주의자들이 미국을 지배하려고 시도한다는 데 동의하지 않는 사람들이 아직도 이 나라에 있다면, 우리는 지금 미국에서 그들에게 진실을 알려 주는 거룩한 전쟁을 시작해야만 합니다.

그러한 조직적이고 전국적인 운동을 통해서 공산주의자들의 미국에 대한 속내를 폭로하고, 자유 미국을 보호하기 위해서 자유중국을 구하는 정책을 지지하는 여론을 조성해야 합니다. 이러한 성전은 미국뿐 아니라 진실을 말할 수 있는 곳이면 어디에서라도 수행되어야 한다는 것이 나의 희망입니다. 물론 한국도 열렬하게 동참할 것입니다.

그동안 미국은 한국, 대만, 인도차이나에서 강력한 방위력을 구축할 수 있었습니다. 이는 자유를 누리는 국민을 위한 안보를 제공해 줄 뿐만 아니라, 공산 함정에 빠져 있는 중국 본토의 6억 주민의 사기를 높이는 일이기도 합니다.

결국 미국과 자유세계의 확고한 정책, 진리를 알리는 거룩한 전쟁, 막강한 힘의 정책 등과 같은 조치들은 중국과 기타 아시아 국가들의 용감하고 거대한 반공산주의 세력들을 일깨워서 그들을 속박하고 있는 자들에게 대항하는 고유의 성전을 시작하도록 할 것입니다.

나는 미 의회의 내 친구들이 모두 이 연설을 읽어서 내가 그들과 미국 국민에게 말하고자 했던 바를 명확하게 이해해 주기 바랍니다. 아시다시피, 종종 내 친구들은 나를 예언자라고 불렀습니다. 내가 국제적으로 어떤 일들이 벌어질 것인지를 예견했었기 때문입니다.

그러나 내가 예언자라는 그들의 말에 나는 동의하지 않습니다. 나는 단지 상황을 현실적으로 보려고 하며, 특히 그 동기들, 힘의 역학 관계, 그리고 우리의 적이나 잠재적인 적들이 야기할 가능성이 있는 행동들을 평가하려고 노력할 뿐입니다.

내가 중국에 대한 강경하고 확고한 정책이 중국뿐만 아니라, 한국, 동남아시아, 그리고 미국을 구할 수 있다고 극구 강조하는 것은 바로 나의 현실적인 평가에 근거한 것입니다. 우리는 누구도 홀로 생존할 수는 없으나, 모두가 함께 살아남을 수는 있습니다.

마지막으로, 나의 친구들이여, 나는 미국 국민이 세계 문제를 현실적으로 관망하고 있다는 사실을 추호도 의심하지 않는다는 점을 거듭 말씀드리고자 합니다. 내가 만난 미국인들로부터 나는 정말 큰 격려를 받았습니다. 나와 우리나라에 대한 그들의 감정은 참으로 따뜻했습니다.

그들은 미국이 민주국가로 평화롭게 존속하려면, 아시아가 자유로워야 한다는 것을 듣거나 읽어서가 아니라 직관적으로 이해하고 있는 것처럼 보였습니다. 미국은 공산주의에 대한 강경정책을 성공적으로 실행할 수 있는 위대한 힘의 저장고를 갖고 있습니다. 그것은 바로 미국 국민입니다.

언론인 여러분에게 촉구합니다. 여러분이 미국 정부와 함께 위대한 힘의 원천인 미국 국민에게 호소해 주시기 바랍니다. 자유로워지기 위하여, 또는 자유를 보전하기 위하여 투쟁하고 있는 세계 도처의 모든 국민을 지원하자고 말입니다.

나는 미국인들이 도와준다면, 우리는 반드시 공산주의의 불길을 진화할 수 있으며, 우리 자신과 자손들을 위하여 평화롭고, 더 나은 세상을 쟁취할 수 있을 것으로 생각합니다.

1954년 7월 31일 워싱턴포스트는 '이 대통령, 중국과의 전쟁 제안의 수위를 낮추다'라는 제목으로 이승만이 미 의회 발언에 관한 입장을 바꿨다고 1, 2, 6면 등 3면에 걸쳐 상세히 보도했다. 즉 '당장' 중공·소련과 전쟁을 하자고 촉구한 것이 아니라, 미국을 위한 장기적인 정책을 제시했던 것뿐이었다는 이승만의 설명을 자세히 소개해 주었다. 아울러 이날 미국 신문과 방송도 이승만의 연설을 대대적으로 보도했다.

13

이승만 대통령의 방미와
독도 무인 등대 점등

South Koreans Said to Occupy Islands Claimed by the Japanese

Continued From Page 1

barren islets, which cover only few square miles, have never been inhabited, but have served as a useful temporary base for fishermen trawling in the Sea of Japan.

According to the Japanese Foreign Office, the islands have been so used by Japanese fishermen for more than 300 years and at one time were known as Matsu-shima or Pine Islands. They were formally incorporated into the Japanese national territory in 1905.

Takeshima lay on the Japanese side of the "MacArthur Line," established as a boundary beyond which the Japanese might not go during the Allied occupation without special consent. Later, however, when President Syngman Rhee of Korea set up the "Rhee Line," extending Korean territorial waters far out into the Sea of Japan, the islands fell on the Korean side of the boundary.

Fishermen of both countries have continued to use the islands, but on at least one occasion shots were fired when the Japanese tried to land. It is believed here the South Koreans have now decided to fully enforce their claim.

The Japanese Government, though claiming possession of T̶ ... tly has not b̶ ... decide, to date, what t̶ ... about Korea's claims. Last year, answering questions in the Diet, Foreign Minister Katsuo

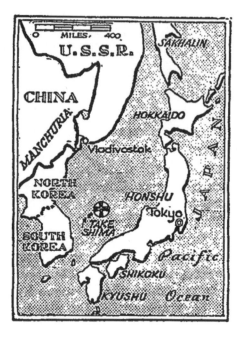

The New York Times   July 31, 1954
The Takeshima Islands (cross)

Okazaki told the members it was "clear by the San Francisco Peace Treaty that Takeshima is an island of Japan." At that time he said he had "not heard" of the Korean claim and did not believe the issue worth disputing.

Meanwhile, negotiations between Japan and Korea over reparations, the establishment of regular diplomatic negotiations and other issues have completely broken down. So far as is known, possession of the islands has never been formally discussed, though each side has continued to advance its own claim to the territory.

1954년 7월 31일 뉴욕타임스 독도 관련 기사

13

이승만 대통령의 방미와
독도 무인 등대 점등

이승만 대통령은 방미 기간 중, 독도에 대해서 공식적으로 단 한마디도 언급하지 않았다. 그러나 당시 우리 정부는 독도 등대 설치 작업을 마무리했고, 이 대통령이 마지막 기착지인 하와이에 체류하던 1954년 8월 10일 정오(하와이시간: 1954년 8월 9일 저녁 6시)에 독도 무인 등대에 점등하고 세계 각국에 이를 통보했다.

일본 정부는 제2차 세계대전에서 처참하게 패망한 이후에도 집요하게 영토 문제를 제기해 오고 있었으며, 독도 영유권 주장도 그중 하나다. 독도 문제와 관련해서 일본 당국이 가장 큰 충격을 받은 사건은 아마 우리 정부의 등대 설치가 아닌가 한다. 일본 측이 독도에 무언가 심각한 작업이 진행 중이라는 사실을 인지한 것은 1954년 7월 말로 보인다.

이와 관련해서 1954년 7월 31일자 뉴욕타임스 기사를 소개하고자 한다. 이날은 이 대통령이 1주일간의 워싱턴 방문을 마치고 뉴욕으로 향하던 날이었다. 묘하게도 이날 뉴욕타임스는 '한국이 섬들을 점령하고 있다고 일본이 주장'이란 제목 아래 일본 측 주장을 일방적으로 대변하는 기사를 크게 보도했다.

'제복을 입은 사람들이 독도를 점령하고 작업 중이라고 일본이 주장'이란 소제목이 달린 이 기사는 단순한 사실 보도가 아니었다. 제1면과 2면에 지도와 함께 장문의 기명 기사를 실었으며, 더구나 기사를 쓴 인물이 린드세이 패롯Lindesay Parrott·1901~1986이었다.

패롯은 제2차 대전과 6·25전쟁 중에 종군기자로 활약했으며, 맥아더 장군과 절친이었다. 그는 이 기사를 쓸 당시 10년째 뉴욕타임스 도쿄지국장으로 근무하던 베테랑 기자였다.

일본 정부의 정보에만 의존한 편파적인 기사 요지는 다음과 같았다.

"일본 소식통은 7월 30일, 한국이 독도Takeshima로 표기를 점령했다고 말했다. 2척의 일본 순시선이 독도 인근을 순찰하던 중, 6명의 한국인이 독도의 2개 섬 중의 하나인 동도Mishi Island로 표기에서 작업하고 있는 것을 목격했다. 일본 해상보안청은 한국인들이 흰색 셔츠에 초록색 바지를 입었으며, 분명 독도 영유권을 주장하기 위해서 한국에서 파견된 경비대였다고 밝혔다. 한국인들이 무장했는지는 확실하지 않지만, 커다란 텐트가 그곳에 세워진 것을 보면, 그 섬에 머물려는 의도가 있는 것이 분명했다고 덧붙였다.

그곳 표지판에 적혀 있듯이 한국인들은 적어도 7월 25일부터 그곳을 점유하고 있는 것으로 보이며, 과거에 어부들이 종종 조업하던 때와 같은 일시적 체류가 아니라고 일본 측은 추론했다. 인근에 한국 선박이 없는 것으로 보아 한국인들은 상당 기간 지탱할 물품들을 사전에 이 섬에 실어다 놓은 것으로 보인다."

이어 뉴욕타임스는 독도의 지리적인 위치를 소개한 다음, 일본 측의 주장만을 일방적으로 보도했다. 더욱이 기사에는 독도라는 우리 표기는 일절 보이지 않고 다케시마라는 용어만을 사용하고 있다.

우리 정부는 학술조사, 한국영토라는 표지판 및 등대 설치, 독도 경비대 상주, 독도 접안시설 설치 등의 실효적인 조치와 함께, 독도 영유권에 관한 우리의 확고한 의지를 줄곧 천명해 왔다.

더구나 이승만 정부가 '이승만 라인'(1952년 1월 18일, '대한민국 인접해양에 대한 대통령 선언'에 의해 설정한 수역으로 '평화선'이라고도 불리며, 그 안에 독도가 포함됨)을 발표하고, 특히 이 대통령의 방미 기간을 이용해서 독도 등대를 점등한 것은 타이밍이 절묘했던 역사적 사건으로 평가받을 만하다.

그러나 우리는 이러한 실효적인 지배와 함께 해외홍보, 특히 해외 주요 미디어를 대상으로 한 홍보에도 각별히 신경을 써야 한다. 앞서 언급했지만 1954년 7월 31일자 뉴욕타임스가 독도라는 단어를 사용하지 않았다는 것은 충격적인 일이 아닐 수 없다.

독도가 세계 언론에 어떻게 보도되어왔나 하는 연구가 이뤄졌으면 한다. 독도는 알파벳으로 언제부터 어떻게 표기돼왔으며, 보도 내용은 어떠했는가에 대한 분석을 바탕으로 향후 독도에 관한 해외홍보가 적극적으로 전개됐으면 하는 바람이다.

뉴욕타임스가 독도 관련 보도를 했던 7월 31일, 이승만 대통령은 일주일간의 워싱턴 방문을 마치고, 오전 10시 3분 비행기 편으로 뉴욕으로 향했다. 워싱턴 공항에서 비행기에 오르기 전, 이 대통령은 국내외 기자들에게 다음과 같은 요지의 고별인사를 했다.

"워싱턴을 떠나자니 다소 서글픕니다. 아마 더 이상 이곳을 방문하지 못할 것 같아 그렇습니다. 내가 이곳에 머무는 동안 미국 정부와 국민이 진심에서 우러나는 태도와 후의를 보여준 데 대해서 매우 고맙다는 말을 전합니다."

이승만 대통령을 환송하는 덜레스 국무부장관

166

이 대통령 일행은 같은 날 오전 11시, 뉴욕 라과디아 공항에 도착했고, 데이비드 남궁 뉴욕 주재 한국총영사, 리처드 패터슨 뉴욕시 영접위원회 회장, 그리고 한복을 입고 웃음을 띤 100여 명의 한인 동포들의 열렬한 환영을 받았다. 몇 명의 중국(자유중국)인도 환영객 중에 끼어 있었다. 뉴욕 월도프 아스토리아 호텔에 도착했을 때, 호텔 건물 정면에는 태극기가 펄럭이고 있었다.

간단한 오찬을 마친 이 대통령은 오후 3시, 뉴욕타임스와 단독 인터뷰(기사 내용은 이미 제7장에서 소개했음)했는데, 독도에 관한 질의나 응답은 없었다. 이어 저녁 6시부터 약 1시간 동안 맥아더 장군과 환담했다.

뉴욕에서 첫 공식행사는 8월 1일 저녁 8시, 남궁 뉴욕 주재 한국총영사가 주최한 환영 리셉션이었다. 총영사관 건물에서 개최된 리셉션에는 학생·사업가 등 한인 동포 100명 이상이 모였다. 이 대통령은 우리말로 짤막한 인사말을 통해 모든 한국인이 조국의 궁극적 통일에 대한 신념을 가져야 한다고 역설했다.

워싱턴 파운드리 감리교회에서의 특별예배

이승만 대통령은 8월 1일(일요일), 다시 워싱턴으로 돌아가 파운드리 감리교회의 특별예배에 참석했다. 예배에는 미 공화당 상원 원내대표 노울랜드 의원, 전 주한 미 제8군사령관 밴 블리트 장군 등도 참석했다. 이 대통령은 이곳에서 아주 감동적인 즉흥 연설을 했다.

워싱턴의 파운드리 감리교회 특별예배

"한국이 자유롭게 된 것은 하느님의 뜻입니다. 오늘날 많은 사람이 만약 우리가 100만 공산군을 북한에서 몰아내려고 한다면, 제3차 세계대전이 발발할 것이라고 말합니다. 그들은 가공할 원자폭탄과 수소폭탄이 순식간에 인류의 문명을 파괴할 것이라고 말합니다.

그렇습니다. 그것은 끔찍한 일입니다. 그러나 나는 그들에게 우리가 수소폭탄보다도 더 위력적인 하느님의 은총을 받고 있다는 사실을 말해주고 싶습니다. 하느님은 위기에 처했을 때 우리를 인도해 주셨습니다. 그리고 이제 우리는 아시아 최상·최강의 반공 군대를 보유하고 있습니다.

나는 하느님이 우리가 하는 일이 잘못된 일이라고 말씀하시지 않을 것이라는 사실을 알고 있습니다. 그분은 사랑으로 감싸는 하느님이실 뿐만 아니라, 정의를 구현하는 하느님이시기 때문입니다. 나는 두렵지 않습니다. 모두 나를 비난하라고 하십시오. 그러나 하느님만이 나를 질책하시지 않는다면 그뿐입니다."

14

외국전참전용사회
연례 총회 참석

외국전참전용사회
연례 총회에 참석한
이승만 대통령

14

외국전참전용사회
연례 총회 참석

이승만 대통령은 1954년 7월 26일 워싱턴에 도착해 바쁜 일
정을 마치고 7월 31일 뉴욕으로 갔다. 그리고 8월 1일 오전
에 주말을 이용해 다시 워싱턴으로 가서 파운드리 교회 예배에 참
석한 다음, 8월 1일 저녁 또다시 필라델피아(뉴욕 인근의 도시)로 이
동했다. 80세 노인에게는 극히 소화하기 힘든 일정이었지만, 피로
를 잊은 듯했다.

특히 필라델피아에서는 회원 수가 무려 150만 명이나 되는 외
국전참전용사회Veterans of Foreign Wars: VFW 연례 총회에 초청받아
서 강연하기로 예정되었기 때문이다. 1899년 창설되고, 1936년에
미 정부공인기관으로 승격된 이 단체는 외국에서의 전투에 참전했
던 미국 예비역 군인들의 모임으로 막강한 정치적 영향력을 과시
하고 있다.

미국 정부로부터 재정지원을 받지 않고 기부금으로만 운영되
며, 본부는 미주리주의 캔자스시티에 있지만, 미 전역에 7,700여

개의 지부가 있을 정도로 방대한 조직이다. 외국전참전용사회는 미국 전역을 돌며 연례적으로 정기 총회를 개최하는 것으로 유명하다. 1954년 이승만 대통령이 미국을 방문했을 때는 필라델피아 컨벤션 홀에서 총회가 개최됐다.

이날 총회에서의 초청 연설을 위해서 이 대통령은 8월 1일 저녁 8시가 넘은 시각에 필라델피아 공항에 도착하여, 외국전참전용사회 대표 웨인 리처드 사령관 내외를 비롯해 지역 간부들 내외, 존 파인 펜실베이니아 주지사 및 주정부 주요 인사들의 환영을 받았다.

애국가가 연주되고 펜실베이니아주 방위군 소속 미 제111전투단 제3대대 장병 500명을 사열한 후, 이 대통령은 특별 오토바이 호위대의 인도를 받으며 행사장인 컨벤션 홀로 향했다. 행사장에는 5,000여 명의 청중이 운집해 있었다.

1주일 동안 계속되는 연례 총회 중, 이날은 추모행사여서 박수 없이 진행하기로 예정되어 있었다. 그러나 리처드 회장이 이 대통령을 '역사적인 인권 수호자'라고 소개하자, 참석자들은 일제히 기립해 박수갈채로 환영했다.

이승만 대통령은 행사장의 분위기에 한껏 고무되어 연설을 시작했다. 시계는 미국 동부 시간으로 정확히 1954년 8월 1일 저녁 8시 30분을 가리키고 있었다.

외국전참전용사회 연설 전문

1954.8.1.

나는 오늘 밤 내가 가장 좋아하는 곳에 서 있습니다. 바로 자유 국가들의 용맹스러운 전사들 가운데 서 있는 것입니다. 한국에서 나는 자유를 수호하는 내 조국, 미국, 또 다른 여러 나라의 군부대를 시찰하기 위해서 전선을 방문합니다. 시찰을 통해 나는 장병들로부터 커다란 자극을 받고 더 나은 인간이 되어 국가 업무로 복귀합니다.

전투병에게는 고상하고 성스러운 그 무엇이 느껴집니다. 이는 그들이 전투 중이든 아니면 항상 우리를 위협하는 적을 경계 중이든 마찬가지입니다. 그의 삶은 고되고, 위험하며, 헌신적입니다. 그러나 동시에 그의 삶은 보람이 있습니다. 민주주의를 수호하는 군인은 그가 정의롭고 옳다고 알고 있는 대의를 위해서 투쟁하고 있기 때문입니다.

이 추모행사는 힘이 정의를 만들지 않는다는 위대한 원칙을 위해 여러분과 함께 싸우다가 고귀한 생명을 바친 분들에게 헌정하는 것입니다. 수많은 영웅이 자기 고향과 사랑하는 사람들을 떠나 수천 마일 떨어진 한국에서 전사했습니다.

그분들이 그곳에 갔던 것은 잔인한 침략자를 막고, 자유와 독립을 열망하는 것 이외에는 일절 나쁜 짓을 하지 않았던 평화로운 국민을 구하기 위해서였습니다. 침략자가 저지되고 격퇴된 것이야말로 그들에게는 영원한 영예입니다. 궁극적인 승리를 거두지 못한 것은 그러한 용기를 가지고 한국을 방어했던 분들의 잘못이 아닙니다.

살아 있는 사람들은 언제나 먼저 살다 간 사람들에게 신세를 지고 있는 법입니다. 특히 다른 사람들을 자유롭게 살도록 해주기 위해서 자신의 생명을 바친 분들에게 은혜를 입고 있습니다. 우리가 이러한 은혜에 보답하는 길은 자유의 횃불을 높이 드는 것입니다. 이렇게 함으로써 세계의 대부분을 휩쓸고 있는 독재주의의 암흑 속에서 후세의 사람들 모두가 길을 잃지 않도록 해 줘야 합니다.

우리는 결코 흔들려서는 안 됩니다. 그분들의 죽음을 헛되게 해서는 안 됩니다. 우리는 그분들의 기억을 마음속에 소중하게 간직합시다. 단순히 기념만 하는 것이 아니라, 그분들이 완성하지 못한 과업의 완수를 위해 확고한 결의를 다지는 계기로 삼읍시다. 우리 모두 적에 대항해서 투쟁합시다. 그분들이 사심 없이 용감히 싸웠던 것처럼 침략을 영원히 추방하여 평화와 자유가 온 누리에 넘치도록 투쟁합시다.

나는 여러분과 우리의 전몰장병들에게 경의를 표하며, 그분들에게 이렇게 말하고자 합니다. '여러분들에게 투쟁의 목표였던 대의는 결코 꺾이지 않을 것이고, 그 어떤 타협의 산물이 되지도 않을 것입니다. 여러분의 위업과 희생이라는 감동적인 행위는 옳은 것과 정의가 승리하는 길로 우리를 인도할 것입니다.'

나는 또한 전몰자 유족들에게 경의를 표하고자 합니다. 우리는 그분들에게 마음속에서 우러나는 깊은 연민의 정을 느낍니다. 한국은 유족들에게 결코 갚지 못할 정도의 많은 빚을 졌으며, 우리나라 남녀노소 모두 이 사실을 깨닫고 있음을 알려 드리고 싶습니다. 이는 넓게 보자면, 여러분의 사랑하는 가족들이 목숨을 바쳐 지켰던 대의를 위해서 우리 한국인 모두가 일사분란하게 싸울 결의를 하고 있음을 말해주는 것입니다.

외국전참전용사회 여러분은 언제나 억압받는 자들의 친구가 되어 왔습니다. 여러분은 유럽과 아시아의 침략자들에게 패배를 안겨주었고, 이들을 몰아내기 위해서 외국의 전쟁터에 나섰습니다. 전쟁이란 여러분에게 결코 낯선 것은 아닐 것입니다. 여러분은 비록 전쟁을 증오하지만, 이 세상에는 더 나쁜 일도 많다는 사실을 잘 아실 것입니다.

이것이 바로 여러분이 미국을 위한 전쟁 준비의 필요성을 그렇게도 솔직하고 그렇게도 일관되게 주창해 온 이유입니다. 여러분 같은 분들이 이 나라에 그리고 전 자유세계에 더 많이 있다면, 우리는 공산주의 이념과 지구를 노예화하려는 공산주의의 음모를 두려워할 이유가 전혀 없을 것입니다.

여러분께서 허락하신다면, 나는 이 기회에 오늘의 세계정세에 대해서 여러분과 논의하고 싶습니다. 아니, 그보다 먼저 여러분에게 한국을 구하기 위해서 미국 젊은이들이 행한 영웅적 이야기를 들려드리고 싶습니다. 그러나 나의 미국 체류 기간이 그리 길지 않고, 마무리해야 할 일과 세계의 자유와 민주주의 보전을 위해서 할 일이 너무 많습니다.

공산주의자들이 소련제 탱크와 대포로 무장하고 한반도 남쪽으로 밀고 내려왔을 때, 나는 단파방송국으로 가서 나의 고뇌를 토로했습니다. '적들이 우리 문 안으로 들어왔습니다. 우리 우방인 미국은 우리를 위해서 그리고 자신을 위해서 무엇을 하려고 합니까?' 누가 들을지, 아니면 신경을 쓸 것인지를 생각할 겨를도 없었습니다.

그러나 1만 마일이나 떨어진 워싱턴에서 미국 대통령 한 분이 각료회의를 소집하여 한국 방어를 위해서 미군 파견을 결정했고, 미국의 주도 아래 다른 유엔 회원국들도 참전했습니다. 미군 장병과 장비가 항공기로 들어왔고, 공산주의자들의 전진은 저지됐습니다. 맥아더 장군은 전선을 시찰한 후, 적은 대한민국에서 승리할 기회를 잃었다고 선언했습니다.

미군과 유엔군의 한반도 투입으로 전쟁의 흐름은 우리에게 유리하게 바뀌었습니다. 한국군 장병들은 압록강까지 진격했고, 완전한 승리가 확실한 것처럼 보였습니다. 그러나 중공군이 인해전술로 싸움에 끼어들었습니다. 그러자 당시 유엔군사령관 워커 장군은 한국군에게 후퇴 명령을 내렸습니다.

한국인들은 워커 장군의 명령을 따르기를 거부했습니다. 6명의 한국군 대령이 이른바 '전술적 후퇴'에 항의하기 위해서 하룻밤 사이에 스스로 목숨을 끊었으나, 한국군은 어쩔 수 없이 서울 남쪽으로 후퇴했습니다. 이후 우리는 약간 밀고 올라갔으나, 전쟁은 교착 상태에 빠졌고 적과의 쓸모없는 협상에 휘말렸습니다.

밴 플리트 장군과 미군 장성들은 우리가 최종적으로 승리할 힘과 기회가 있다고 누누이 선언했으나, 우리는 북진하지 못했습니다. 왜일까요? 그 이유는 우리가 제3차 세계대전을 두려워했기 때문입니다.

공산주의자들은 핵무기가 가공할 무기이며 일순간에 모든 문명과 모든 인류를 파괴할 수 있다고 선전해 왔습니다. 이러한 선전은 자유세계를 공포에 떨게 함으로써 양보를 얻어 내고 굴복하게 만들려는 것입니다. 유감스럽게도 공산주의자들의 이런 선전은 효과를 발휘해 왔습니다. 자유세계를 동요시키고 겁을 먹게 했습니다.

핵폭탄은 강력한 무기입니다. 그러나 핵무기를 보유하고, 사용할 수 있는 우리가 싸움 한번 제대로 못 해 보고 공산주의자들의 노예가 되는 것은 용납할 수 없습니다. 만약 자유세계 전체가 굴복하게 되면, 자유와 민주주의를 수호한다는 것은 의미 없는 일입니다. 만일 그렇게 되면 모든 것을 잃게 됩니다. 그러나 나는 그렇게 되지는 않으리라고 봅니다.

내가 주장하는 바는 노예로 사는 것보다는 자유롭게 죽기를 원하는 우리가 자유를 위한 투쟁을 장려할 수 있는 일이라면 무엇이든 해야만 한다는 것입니다. 만약 우리가 생명을 잃는다면, 그 생명은 위대한 대의를 위해서 바쳐져야만 할 것입니다. 그때, 오직 그렇게 할 때, 우리는 자신을 보호하고 생명을 지킬 수 있습니다.

자유세계 전체가 당면한 큰 문제는 미국이 무엇을 하려는 지에 대해서 알 수 없는 것입니다. 한국은 공산 체제 아래서는 민주·독립·통일 국가가 될 수 없습니다. 만일 미국을 포함한 모든 연합군이 떠나 버리면, 한국과 기타 아시아 국가들은 죽의 장막 뒤로 사라질 것입니다. 오로지 공산주의자들과 반*공산주의자들만이 남게 될 것입니다.

미국은 민주주의의 가장 강력한 챔피언입니다. 그러나 미국 국민은 공산주의자들이 민주적 생활의 존립을 허용치 않는다는 사실을 알지 못합니다. 만일 그들이 이 사실을 정말로 안다면, 그들은 민주주의 수호를 위해서 기꺼이 총력전을 감행할 것입니다.

한국인들이 잘못 알고 있는지, 아니면 오해인지는 모르지만, 하여튼 우리는 미국이 진짜 무엇을 하려는 지에 대해서 의구심을 갖고 있습니다. 휴전회담, 교착 상태에 빠진 전쟁, 적과의 협상 등을 생각할 때면, 우리는 미국이 자유를 보전하려는 전쟁에서 정신을 바짝 차리고 있는지 궁금합니다.

미국이 자신의 자유로운 삶을 위하여 소련의 위협에 정면으로 대처하려고 하지 않는다면, 우리는 이제 그 사실을 좀 알아야겠습니다. 왜냐하면 우리가 자신을 위해서 무엇을 해야 할지를 알아야 하기 때문입니다. 솔직히 미국이 자유 우방 국가를 대하는 태도와 소련이 자기의 노예가 된 위성 국가를 대하는 태도를 비교해 보면 혼란스럽고 심지어 고통스럽기까지 합니다.

소련은 자기네 위성국가에게 공산주의가 세계를 정복할 것이라고 장담합니다. 그리고 그런 목표를 달성하기 위해서 투쟁하겠다는 의지와 결의를 위성 국가가 신뢰하도록 가능한 모든 일을 합니다. 미국은 자유세계의 주축입니다. 그러므로 미국은 목표를 추구하는 데 있어서 확고부동하고 두려움이 없어야 합니다. 그러나 미국은 두려워하는 징후를 보이고 있으며, 이는 심각한 심리적인 효과를 초래합니다.

동물조련사는 사자 우리 속에 들어갈 때, 그가 무서워한다는 것을 사자에게 결코 보여서는 안 된다는 사실을 잘 압니다. 만약 그렇지 않으면, 반드시 사자의 공격을 받습니다. 그러나 러시아의 곰과 대적하는 미국은 두려움을 숨기지 않고 있습니다. 그리하여 정책의 우유부단함을 드러내고, 여기서 찔끔 저기서 찔끔, 또 다른 어떤 곳에서는 조금 더 많이 양보하는 정책을 취합니다.

그 결과, 항상 생각과 행동을 바꾸는 우유부단한 정책이 나옵니다. 그러니 미국의 강력한 리더십을 바라는 자유세계와 그 국민은 어찌할 바를 모르고, 미국을 신뢰하지 않기 시작하고, 자유 수호의 희망을 상실하기 시작합니다.

자유세계의 챔피언은 하루는 수백만 불을 지원하고, 다음 날은 그 돈을 회수해서는 안 되며, 우방에게 무기를 사용하지 말라고 해서도 안 됩니다. 또한 자유 국가에게 당장 싸우도록 촉구해 놓고는, 얼마 후 싸우지 말라고 해서도 안 됩니다. 그러한 행위는 친구와 지지자들을 크게 낙담시키는 것이니, 그 어떤 위험과 희생이 따르더라도 피해야 합니다.

미국을 위한 올바른 길은 확고부동하고, 강하며, 용맹스러운 것이어야 합니다. 그래야만 여러분의 우방들도 동일한 능력을 발휘할 것이고, 적은 공격하는 것을 두려워할 것입니다.

외국전참전용사회 회원 여러분!

여러분은 이러한 일을 해내는데 매우 크고 중요한 역할을 담당해야 합니다. 여러분이 성취한 일들은 이미 정평이 나 있습니다. 여러분은 국내 공산주의와 강인하고 효과적으로 싸웠습니다. 또한 여러분은 단호히 반대해 왔습니다. 소련과 그 위성 국가들과 노골적으로 맞서 싸우기보다는 어떠한 희생을 치르더라도 그들과 평화를 선호하는 자들에게 말입니다.

그러나 나는 여러분에게 더욱 분발해 주실 것을 촉구합니다. 왜냐하면 우리 자신을 구출할 시간이 점점 가깝게 다가오기 때문입니다. 내가 보기에 가장 중요한 과제는 미국 국민을 설득하는 것입니다. 우리가 지금이나 후에 공산주의자들과 싸워야 하는데, 오래 기다리면 기다릴수록 우리에게 더 불리하다는 사실을 알려줘야만 합니다.

만일 온 국민이 일어나서 반드시 적에게 대항하겠다는 단합된 의지를 보인다면, 정부는 그에 따르지 않을 수 없을 것입니다. 나는 미국 국민이 소신 있게 발언하고, 미국 정부가 이를 행동에 옮길 수 있기를 희망합니다.

며칠 전에 워싱턴에 있는 여러분의 위대한 의회에서 연설할 때, 나는 미국이 중국 본토를 해방하는 것을 최우선 순위에 놓아야 한다고 제안했습니다. 중국이 자유로워지지 않으면, 아시아를 구출하는 것은 불가능합니다. 우리가 확고한 계획을 세우고 이를 단호하게 실행에 옮긴다면, 죽의 장막 뒤에 있는 중국 국민에게 공산주의자들과 어디서든 투쟁을 시작하도록 할 수 있을 것입니다.

문제는 우리가 투쟁할 것이냐 또는 멸망할 것이냐를 깨닫고, 정신적으로, 도덕적으로, 물질적으로 자유를 위해서 투쟁할 만반의 준비를 하는 데 있습니다. 우리가 투쟁해야만 한다는 것은 거의 확실합니다. 공산주의자들은 꼭 한 번 저지되었을 뿐이며, 그것도 한반도에서 무력에 의해서 저지된 것입니다.

우리가 전투를 중단했을 때, 공산주의자들은 침략의 과실을 쌓아두고 즉각 재침략 시도를 위해 준비하기 시작했습니다. 공산주의는 세계 곳곳으로 행군 중이며, 가는 곳마다 승리를 거두고 있습니다. 한 나라 한 나라씩 소련이라는 암흑의 구렁텅이 속으로 빠져들고 있으며, 이렇게 하나씩 상실됨으로써 우리와 우리의 대의명분은 훼손되고 있습니다.

우리는 더 이상 손실을 감수할 수는 없습니다. 우리는 강해져야 합니다. 우리가 약해져서 자신을 적절히 방어할 수 없는 시점에 이르렀을 때 어떤 일이 벌어질지는 너무도 뻔합니다. 일부 미국인과 많은 유럽인은 우리가 공산주의자들에게 그 무엇을 양보해서라도 전쟁을 피해야만 한다고 말합니다. 그들은 전쟁보다도 더 나쁜 건 없다며 공산주의자들을 구슬려서 우리와 평화적으로 공존하도록 인도할 수 있다고 말합니다.

나는 그런 주장을 믿지 않으며, 여러분이 그런 주장을 할 것이라고도 생각하지 않습니다. 맞습니다. 평화는 바람직합니다. 그러나 공산주의자들이 요구하는 대가를 치르는 것은 절대 평화가 아닙니다.

그 대가란 세계 정복입니다. 그것은 모든 자유와 모든 해방의 종말입니다. 그것은 크렘린의 전체주의 지배입니다. 그것은 반대하는 사람들을 세뇌하는 것이며, 모두의 사상을 통제하는 것입니다. 그것은 인류가 수천 년간 쌓아 올린 문명사회의 모든 가치를 쓸어버리는 것입니다. 그것은 정의, 자비, 측은지심의 종말이며, 인간이 자신보다 더 위대한 힘을 믿지 못하게 하는 것입니다.

내게 그러한 운명은 죽음보다 더 나쁜 것이고, 전쟁보다 더 나쁜 것이며, 내가 상상할 수 있는 그 어떤 것보다도 더 나쁜 것입니다. 그러한 평화는 인간의 멸종을 의미합니다. 그래서 나는 그것을 철저히 반대하는 것입니다.

나는 압니다. 여러분은 그 어떤 희생을 치르더라도 그저 평화만을 사랑하는 분들이 아니라는 사실을! 여러분에게 말하고자 합니다. 미국이 위험에 직면해 있다고 경고해 주십시오. 공산주의의 위험뿐만이 아니라, 평화를 너무도 간절하게 바라는 나머지 평화를 위해서 모든 것을, 심지어 자신의 인격까지도 희생하려는 사람들의 위험에 대해서 말입니다.

미국이 정의와 자유의 편에 서서 두 번씩이나 세계를 구원했던 바로 그 정신을 다시 점화시켜 주십시오. 또한 그 이전에 위대한 미합중국의 창업과 이후 그 보전을 이끌었던 정신을 다시 점화시켜 주십시오.

대의명분이 옳고, 이를 지키기 위해서 달리 방법이 없을 때, 여러분은 항상 싸웠고 또 승리했습니다. 오늘 우리의 대의는 옳으며 이를 지키기 위해서는 달리 방법이 없습니다. 우리는 여러분과 같은 대열에 서 있습니다. 수백만의 다른 나라 국민도 마찬가지입니다. 그들은 잔혹한 압제자들과 맞서 싸울 기회가 오기를 고대하고 있습니다.

우리는 함께 공산주의의 물결을 격퇴하고, 우리와 자식들을 위한 안전하고 평화로운 세계를 만들 수 있습니다. 더 이상 기다리지 맙시다. 우리가 지향하는 대의가 정당하다는 확신과 반드시 승리하겠다는 확고한 결의로 만반의 전투 준비를 갖춥시다!

이 연설에서 이승만 대통령은 6·25전쟁의 참화 속에서 산화한 미군 장병의 영혼과 그들의 유가족을 위로하고, 역경 속에 살아남은 참전용사, 그리고 미국 정부와 국민에게 감사의 뜻을 표했다. 그리고 미국의 우유부단한 한반도 정책에 대해서 자유세계의 어느 지도자도 감히 범접하지 못할 배짱을 갖고 신랄한 비난을 퍼부었다.

요즈음 흔히 듣는 얘기가 있다. 냉전이 끝난 지가 언젠데, 왜 우리는 아직 냉전적 사고의 틀을 못 벗어나냐는 것이다. 나아가 그들은 북한 체제를 비판하는 사람들을 수구 꼴통이라고 몰아세운다. 그것도 모자라 해방 후 우리 정치 상황과 대한민국 건국 과정을 그들만의 궤변으로 다시 쓰고, 이승만을 한낱 권력욕에 사로잡힌 미국의 앞잡이요, 친일파의 후견인에 지나지 않는다고 폄훼한다.

그러나 이승만 대통령의 필라델피아 연설을 읽은 우리는 그들이 이승만에 대해서 얼마나 무식하고, 얼마나 우리 역사와 현실에서 동떨어졌으며, 얼마나 허구적인지를 새삼 깨달았을 것이다.

15

뉴욕 환영
퍼레이드와 오찬회

뉴욕 오픈카
퍼레이드

15

뉴욕 환영
퍼레이드와 오찬회

뉴욕 환영 퍼레이드

워싱턴과 필라델피아에서의 바쁜 하루를 보낸 이승만 대통령
은 1954년 8월 2일(월요일) 오전 0시 10분에 뉴욕으로 돌아
왔다. 국빈 방문 일정으로는 이례적인 야간 이동이었다. 항공기가
공항에 도착하자마자, 그는 월도프 아스토리아 호텔로 향했다. 이
곳은 예나 지금이나 뉴욕에서 가장 역사 깊은 최고급 호텔이다

요즘에는 볼 수 없는 광경이지만, 당시만 해도 국빈 방문의 꽃
은 오픈카 퍼레이드였다. 수십만에서 백만 명의 시민이 국빈을 환
영하고, 고층 건물에서는 오색 테이프를 날리는 오픈카 퍼레이드는
초청국과 방문국의 우의를 확인하는 가장 중요한 이벤트였다. 특
히 뉴욕의 그것은 정평이 나 있었다. 원래는 외국 원수를 위한 것
이 아니라, 역사적으로 공훈이 있는 미국 영웅들에게 예우를 표시
하는 행사였다.

제2차대전과 6·25전쟁의 영웅 맥아더 장군은 1951년 뉴욕에서 열렬한 오픈카 퍼레이드에 초청받았고, 외국 원수로는 1954년 이승만 대통령이 처음으로 오픈카 퍼레이드에 초대되는 영예를 얻었다. 그만큼 미국 정부와 국민은 아시아의 반공 전선을 지키는 대한민국의 용감한 국민, 국군, 그리고 대통령에 대해 각별한 존경심을 갖고 있었다.

8월 2일, 이날은 아침부터 부슬비가 내리고 바람이 불어서 한여름의 더위를 식혀주는 청량제 역할을 했다. 오전 10시 와그너 뉴욕시장 부부가 이 대통령 내외를 모시러 월도프 아스토리아 호텔에 도착했다. 시장 부인이 프란체스카 여사에게 꽃다발을 선물하고 두 내외는 담소했다. 이 대통령 내외와 와그너 시장이 호텔을 출

오색종이 테이프를 맞는 이승만 대통령

발한 것은 11시 30분이었다.

퍼레이드는 로우어 브로드웨이Lower Broadway에서 환영식장이
마련된 뉴욕시청까지 차량으로 이동하는 것이었다. 30여 대의 차
량이 이동하는 동안 행인들의 횡단을 막기 위해 목책을 쳐 놓은
거리에는 100만 명의 뉴욕시민들이 도열해 박수를 보냈으며, 고층
건물에서는 눈보라처럼 쏟아지는 오색종이와 테이프가 뿌려졌다.

이 대통령은 와그너 시장과 제1호차에, 프란체스카 여사는 시
장 부인과 제2호차에 탑승했는데, 이 대통령은 열렬한 환호에 매
우 흡족해하며 오픈카에서 일어나 모자를 흔들어 환호에 답례했다.

정오에 일행은 뉴욕 취주악대의 연주 속에 시청 광장에 도착
했다. 광장에는 뉴욕시의 각계각층 인사, 군 지휘관, 그리고 시민

뉴욕시 환영 행사

25,000명이 이 대통령 내외를 기다리고 있었다. 환영 행사 시작과 함께 와그너 시장이 말문을 열었다.

"뉴욕 시의회 의장님, 귀빈 여러분, 뉴욕시민 여러분, 그리고 우리의 명예로운 소중한 친구이자 동반자이신 이승만 박사님!

대통령님이 유엔의 고장이자, 자유세계의 중심지인 뉴욕에 오신 것을 환영합니다. 뉴욕의 800만 시민은 귀하의 용기, 귀하의 용감한 행위, 귀하의 애국심, 귀하의 자유에 대한 열정적인 헌신에 경의를 표합니다. 그리고 귀국의 국민처럼 인간의 자유, 인격의 고귀함, 그리고 공동의 명예를 신봉하는 우리 모든 미국 국민의 애정, 따뜻한 마음씨 그리고 찬사를 모아 환영 인사를 드립니다.

1950년 공산주의자들이 무자비한 공격을 개시했을 때, 대통령님께서는 혼자 힘으로 전례 없는 용기와 역동적인 지도력을 발휘하여 한국 국민을 자유의 기치 아래 동원했습니다. 역사는 그 위업을 영원히 새겨 놓았으며, 지구인은 결코 이를 잊지 않을 것입니다.

뉴욕은 특별히 자랑할 만한 것이 있습니다. 바로 이곳에 있는 유엔이 최초로 그 존립 목적과 본연의 임무를 시험하는 중대한 기로에 섰을 때, 귀하의 나라를 지원하는 결정을 하고 이를 실천에 옮겼다는 사실입니다. 유엔은 그 어느 때보다 높은 대의명분을 내걸고 대한민국을 도왔습니다.

대통령님, 귀하의 마음과 정신은 젊습니다. 귀하는 애국심과 민주주의의 상징입니다. 귀하께서 이곳에 오신 것을 반갑게 생각하며, 언제나 유엔의 고장인 뉴욕을 귀하의 도시, 귀하의 고향으로 기억해주시기를 바랍니다."

와그너 시장은 간략한 인사말 후에 이 대통령에게 뉴욕 명예훈장과 기념증서를 주었다. 이어 밴 플리트(1892~1992: 6·25전쟁 중 우리 국군의 발전에 크게 기여했으며, 공군 조종사이던 외아들이 1952년 북한지역에서 작전 중 전사함) 장군이 이 대통령을 다음과 같이 소개했다.

"이승만 대통령은 세계 반공 진영의 위대한 지도자입니다. 그분이 우리를 만날 때 눈물을 보이며 항상 하시는 말씀이 있습니다. '**나는 미국의 청년들이 한국에까지 와서 싸워주는 것을 더 이상 바라**

뉴욕 명예훈장과 기념증서를 받는 이승만 대통령

지 않습니다. 부디 귀국 정부에 건의해서 미국 청년을 이곳에 보내는 대신에 우리에게 무기를 보내주라고 하시오. 그러면 모든 싸움과 피 흘리는 희생은 우리가 맡아서 할 것이오.' 이 대통령은 나를 비롯한 우리 미군 장병들을 사랑으로 대해 주었으며, 우리는 그에게 경의를 표했습니다."

훈장 수상과 밴 플리트의 소개 인사가 끝난 후, 이 대통령은 광장에 모인 뉴욕시민 앞에서 영어로 간단한 즉흥 연설을 시작했다.

"뉴욕시민 여러분, 아이젠하워 대통령과 나는 제3차 세계대전을 지금 하느냐 혹은 시기를 미루느냐 하는 점에서만 견해 차이가 있습니다. 나도 아이젠하워 대통령이 전 세계를 파국으로부터 구출하려고 한다는 것을 잘 이해하고 있습니다. 그러나 전쟁은 조만간 일어날 것이며, 늦어질수록 더욱 끔찍해질 것입니다. 재앙을 피하려면 미국인과 자유세계 국민은 지금 행동해야만 합니다.
　　밴 플리트 대장이 훈련시킨 한국 청년들이 이제 극동 최강의 반공 군대로 변모했습니다. 한국 육군의 아버지로 존경받는 밴 플리트 장군이 다시 한국에 와서 더 많은 한국 장병을 양성해 주기 바랍니다."

여기서 잠시 연설을 멈춘 이 대통령은 연설의 달인다운 면모를 유감없이 발휘한다. 그는 비장한 표정으로 연설을 다음과 같이 마무리했다.

"퍼레이드를 하는 중, 차량 행렬을 선도하는 조지 피츠패트릭George

Fitzpatrick 오토바이 순찰대장님의 자제분이 1952년 한국 전선에서 사망했다는 소식을 들었습니다. 그 청년은 알지도 못하는 나라로 가서 자유와 정의를 위해서 싸우다가 장렬하게 전사한 것입니다. 이것이 귀국의 청년들과 우리 청년들이 목숨을 바쳐 싸워 온 정신입니다.

피츠패트릭 군과 같이 수많은 미국인이 역사상 여러 차례 그들이 신봉하는 자유를 위하여 싸워 온 것처럼, 우리 한국인도 우리의 자유를 위하여 싸울 용의가 있습니다. 아시다시피 우리는 자유가 생명 그 자체보다도 더 귀중함을 인식하고 있습니다.

양국 국민이 굳게 단결합시다. 우리가 굳게 단결한다면, 미래에 대한 희망이 있습니다. 나는 우리 모두가 생전에 희망과 안전의 새

이승만 대통령과 조지 피츠패트릭 오토바이 순찰대장

날의 서광을 보게 되리라는 것을 굳게 믿습니다. 하느님이 여러분께, 그리고 우리가 함께 지탱하는 대의명분에 축복을 내려주실 것을 기원합니다."

국가원수의 연설은 이처럼 감동적이어야 하지 않을까? 그러나 감동적인 연설은 말로만 이뤄지는 것이 아니다. 진심에서 우러나와야 하는 것이다. 이 대통령은 따뜻한 마음을 가졌었기에 타인을 감동케 하는 이런 훌륭한 연설을 할 수 있었다. 그는 바쁜 퍼레이드 중에 조지 피츠패트릭 순찰대장을 불러 격려하고 함께 사진을 찍었다.

뉴욕시장 주최 오찬회

19 54년 8월 2일 오후 1시, 뉴욕시청 광장에서 환영 행사가 끝난 후, 와그너 시장은 이승만 대통령을 위해 월도르프 아스토리아 호텔에서 남자들만이 참석하는 오찬회(stag luncheon: 'stag'는 수사슴을 의미하며 'stag luncheon', 'stag party'는 여자 동반 없이 남자만 참석하는 오찬회, 파티임)를 개최했다.

행사는 애국가와 미국 국가 연주로 시작됐다. 이어 축원 기도가 있었는데, 미국 저명인사인 프란시스 스펠만Cardinal Francis Joseph Spellman, 1889~1967 추기경이 집전했다. 스펠만 추기경은 미국 가톨릭의 대명사처럼 추앙받는 분이었다. 특히 그는 우리나라와도 남다른 인연을 갖고 있던 절친한 친구였다.

해방 직후인 1945년 9월 8일, 스펠만 추기경은 하지 중장이 이끄는 미군과 함께 이 땅을 처음 밟았다. 이승만이 같은 해 10월 16

일 미국에서 환국하기 1개월 전이다. 이후 스펠만은 6·25전쟁 중인 1951년부터 1953년까지 매년 성탄절에 우리나라를 방문해 주한미군의 신앙생활 및 한국의 천주교 발전을 위해서 헌신했다.

6·25전쟁 중에 기독교는 미군이나 우리 국민에게 정신적 위안을 주는 중요한 역할을 했는데, 구교의 스펠만 추기경 이외에 신교의 빌리 그레이엄William Franklin Graham Jr., 1918~2018의 선교활동도 빼놓을 수 없다. 그는 전쟁이 발발하자, 트루먼 대통령에게 서한을 보내 북한의 군사적 이념적 위협에 단호히 대처할 것을 촉구했다. 그리고 1952년 12월 겨울 휴가를 반납하고 부인 루스Ruth와 함께 방한한 적이 있다. 그때는 마침 스펠만 추기경이 방한과 겹치는 시기였다.

와그너 시장은 오찬회가 시작되자 우선 오찬에 참석하지 못하는

뉴욕시장 주최 오찬회

193

많은 사람으로부터 전문을 받았다고 말하며, 그 중 대표적인 더글러스 맥아더Douglas MacArthur, 1880~1964 장군의 전보를 읽어 내려갔다.

"와그너 시장님, 본인은 피치 못할 사정으로 뉴욕에 있지 못하게 되어 뉴욕시가 이승만 대통령을 위해 베푸는 환영 오찬회에 참석할 수 없음을 유감으로 생각합니다. 본인이 이승만 대통령을 매우 존경하고 있다는 사실을 잘 아실 것입니다. 이승만 대통령이 추구하는 이상은 위대한 대의이며, 그분은 자유세계의 위대한 지도자입니다. 그분의 애국심과 불굴의 의지에 대해 경의를 표하는 행사에 참석하지 못함을 널리 양해해 주시기 바랍니다."

점심 식사가 끝난 후, 이승만 대통령은 참석자들에게 아주 간략하게 연설했다.

"오직, 힘으로만 공산 침략자들의 무릎을 꿇게 할 수 있습니다. 오직 힘으로만 우리는 공산 분자들을 격퇴하는 적절한 조치를 할 수 있습니다. 여러분에게 공산주의자들과 투쟁할 것을 호소합니다. 만약 누구든 평화회담이나 휴전으로 한반도 문제가 평화적으로 해결될 수 있다고 말하는 자가 있거든, 그런 자에게 속지 말라고 여러분께 말해 두고자 합니다."

행사에는 밴 플리트 장군, 윌리엄 딘William Dean, 1899~1981 소장 등 6·25전쟁 영웅들이 참석했는데, 오찬 연설에서 이 대통령은 특히 미 보병 제24사단장으로 6·25전쟁에 참전했던 딘 소장의 노고를 치하했다. 그는 전쟁 중에 포로가 되어 3년간(1950.8.25.~1953.9.4.)

북한에 억류되었다가, 전후 포로 교환 시 석방되었으며, 미국 정부는 그에게 미국 최고의 무공훈장인 명예훈장을 수여했다.

전설적인 종군 여기자 마거리트 히긴스Marguerite Higgins, 1920~1966는 저서 『War in Korea』(1951, 2009년 '자유를 위한 희생'이란 제목으로 2009년 번역 출간)에서 딘 장군의 6·25전쟁 초기 활약상을 다음과 같이 소개했다.

> "딘 장군은 내가 아는 한 가장 친절하고 훌륭한 군인 중 한 분이다. 6·25전쟁 발발 직후, 그가 행한 용감한 행동은 하나의 전설이되었다. 사단장인 그는 몸소 탱크 5대를 인솔하여 화염에 싸인 바리케이드를 뚫고 옛 전우인 미 육군 제19 보병연대장 멜로이Guy S. Meloy, 1903~1968, 주한 미 제8군사령관으로 1961~1963년 기간 한국 근무를 구하고, 직접 바주카포를 쏘아 적의 탱크를 파괴했다. 또한 대전시가 적에게 포위되어 미군의 방어가 더 이상 소용이 없게 되자, 그는 부상당한 몸으로 패잔병을 모아 필사의 탈주를 시도했다."

이어서 와그너 시장이 이 대통령을 위한 축배를 제안했다.

> "대한민국 대통령을 위하여, 세계의 위대한 시민을 위하여, 용기와 지도력이 생동하는 상징을 위하여, 그리고 이 하나의 지구촌에서 우리의 동맹, 우리의 이웃, 우리의 친구인 이승만 박사를 위하여!"

이 대통령은 다음과 같이 화답했다.

> **"와그너 시장과 이 세계에서 가장 위대한 도시를 위하여!"**

이 승만 대통령은 8월 2일 오후 4시, 부부 동반으로 개교 200
주년을 맞은 컬럼비아대학교Columbia University를 찾았다. 국
빈 방문 기간 중 2번째로 명예법학박사 학위를 받기 위해서였다. 앞
서 언급했듯이, 이 대통령은 7월 30일, 조지 워싱턴 대학에서도 명
예법학박사 학위를 받았다.

뉴욕에 소재한 컬럼비아대학교는 미 동부 명문대학(Ivy League:
하버드·예일·펜실베이니아·프린스턴·컬럼비아·브라운·다트머스·코넬 등 8개 대
학)이며, 하버드(1636), 윌리엄·매리 윌리엄(1693), 예일(1701), 프린스

컬럼비아대학교 명예법학박사 학위 수여식

턴(1746) 대학에 이어 미국에서 5번째로 역사가 오래된 대학이다.

또한 오바마 대통령에 이르기까지 3명의 대통령을 배출한 대학이며, 현재 세계의 부호 워런 버핏의 출신교이기도 하다. 참고로 아이젠하워 대통령은 1948년부터 1953년까지 컬럼비아대학교의 총장을 역임했다.

이날 이승만 대통령 내외가 도착하자, 대학 교정에는 총장 대리 이하 많은 교직원이 도열 해 있었다. 학위 수여식은 그레이슨 커크Grayson Louis Kirk 총장이 출장 중이어서 총장 대리가 주재했다.

총장 대리의 대통령 소개 및 학위 수여식에 이어, 이 대통령은 준비해 간 기념사를 읽지 않고 다음과 같은 요지로 즉흥 연설했다.

"우리는 여전히 전투에서 패배하고 있습니다. 적은 어느 곳에서나 승리를 거두고 있습니다. 우리는 한 걸음씩 양보하고 있습니다.

전 세계 자유국가의 챔피언이자 리더인 미국 정부가 지도적인 위치에 서서 우리를 승리로 이끌지 않고도 우리가 자유로워지고 생존할 수 있다고 말한다면, 이는 우리 자신을 속이는 것입니다. 미국의 도움이 없이는 자유 대한, 자유 중국, 그리고 자유 유럽도 없습니다.

아시아를 구하시오! 이것이 나의 호소입니다.

여러분은 자유를 위해서 싸우는 혁명가들을 격려해야만 합니다. 그들을 저버리지 말 것을 간절히 바랍니다. 그들을 버린다면, 한국, 중국, 기타 여러 나라들뿐만 아니라 미국 자신에게도 재앙이 초래될 것입니다. 우리는 여러분이 전면에 나서서 세계의 자유를 사랑하는 국민들을 해방과 자유로 인도해 줄 것을 촉구합니다."

16

국빈 방문의 하이라이트
'한미재단 만찬회'

히치콕 감독의 영화
'Rear Window'(이창) 포스터
한미재단은 '한국 돕기 자선행사'의 일환으로
1954년 8월 4일, 이 영화 시사회 개최

16

국빈 방문의 하이라이트
'한미재단 만찬회'

이승만 대통령은 훗날 국빈 방문 중 가장 즐거웠던 행사로 1954년 8월 2일 개최된 한미재단이 주최한 만찬회를 꼽았다. 「President Syngman Rhee's Journey to America」가 한미 재단 만찬회 행사를 중점적으로 다룬 것이 바로 그 때문일 것이다. 따라서 이 책도 당시 미국 상류사회 모임의 전형을 보여주는 이 행사를 가장 비중 있게 다뤄 보고자 한다.

우선 한미재단The American-Korean Foundation은 어떤 단체일까? 6·25전쟁의 휴전 협상이 거의 마무리될 무렵, 아이젠하워 대통령은 대한민국에 대한 미국 정부의 공식 원조 이외에, 민간차원에서의 지원을 신중하게 고려했다.

　1953년 5월 5일 아이젠하워는 자기 친동생인 밀턴 아이젠하워Milton Eisenhower, 1899~1985를 이사장으로 하는 한미재단의 설립을 발표하고, 같은 해 6월 7일부터 14일까지 일주일간 대대적인 모금 운동을 전개했다.

1954년 5월에는 미국 재활의학의 아버지 하워드 러스크Howard A. Rusk, 1901~1989가 새로운 이사장으로 선출됐다. 그는 1967년까지 무려 13년간 재단을 이끌면서 전쟁으로 어려움을 겪는 우리나라를 위해 다양한 형태의 민간 지원 사업을 전개했다. 한미재단은 러스크 이사장이 물러나고, 한국이 경제적으로 발전하면서 지원활동이 유명무실하게 되었다.

이승만 대통령 국빈 방문 기간 중, 한미재단이 대한민국을 돕기 위해 주최한 아주 흥미로운 자선행사 하나를 소개한다. 1954년 8월 4일 저녁, 뉴욕 리볼리 극장Rivoli Theatre에서는 영화 〈Rear Window〉(1954)의 시사회가 개최됐고, 수익금은 대한민국 돕기 사업에 기부했다. 알프레드 히치콕Alfred Hitchcock, 1899~1980이 제작, 감독한 이 영화는 1954년 9월 1일 미국에서 개봉됐다. 그런데 1개월 전에 대한민국을 위한 자선행사에서 상영된 것이다.

1954년 8월 5일 뉴욕타임스는 각국에서 파견된 유엔 외교관을 비롯해 뉴욕의 저명인사 2,000명이 참석했던 이 시사회를 상세하게 보도했다. 제임스 스튜어트James Stewart, 1908~1997와 그레이스 켈리Grace Kelly, 1929~1982가 주연한 이 영화는 20세기 최고 명화 중 하나이며, 100만 달러의 예산을 투자해 무려 37배인 3,700만 달러의 수익을 올린 대박 영화다. 우리나라도 1957년 '이창裏窓'(안쪽 창)이라는 제목으로 개봉되었으며, 현재도 DVD로 판매되고 있다.

자, 이제 'Rear Window' 시사회가 개최되기 이틀 전, 한미재단이 주최한 이승만 대통령을 위한 만찬회장으로 여러분을 안내하고자 한다.

뉴욕 월도르프 아스토리아Waldorf Astoria 호텔에서 개최된 이 행사
에는 연회장이 수용할 수 있는 최대의 인원인 1,500명이 참가했
다. 참석 신청자가 3,500명이나 되어 부득이 2,000여 명에게는 양
해를 구했을 정도의 인기 있는 행사였다. 특히 이날 만찬회는 저녁
9시부터 공중파 TV와 라디오로 생중계되었기 때문에 이승만 대통
령도 상당히 신경을 쓰지 않을 수 없었다.

　만찬회는 1954년 8월 2일 저녁 8시, 한미재단 러스크 이사장의
행사 개막을 알리는 인사말에 이어, 한국 소프라노 가수 김자경 씨
가 미국인 오르간 반주자의 반주에 맞춰 한미 두 나라의 국가를 부
르는 것으로 시작됐다. 이어 스펠만 추기경이 축원 기도를 올렸다.

한미재단 만찬회

"성령이시여! 당신은 빛이요, 당신의 마음은 모든 나라의 빛입니다. 당신이 없으면, 그 누구도 살 수 없습니다. 당신께서는 모든 나라들이 영광스럽거나 암울하거나, 평화롭거나 전쟁 중이거나, 기쁘거나 슬프거나 늘 함께하십니다. 한국이 지금 침략의 십자가에 못 박혀 있듯이 어느 나라가 그런 박해를 받고 있을 때, 당신께서는 고통을 겪으며 사는 그 민족의 버팀목이셨습니다.

성령이시여! 당신은 한국의 하늘이 화염으로 가득하고 조용한 땅이 행군의 발자국과 총기 발사 소리로 전율할 때 그곳에 계셨습니다. 한국이 사기를 잃지 않게 하시고, 한국의 아들들이 자유의 적, 가정과 제단의 적, 영혼의 적과 맞서 싸우는 힘을 주신 것은 바로 성령이셨습니다. 전쟁의 시련 속에서 성령은 한국의 사기를 북돋아 주셨고, 한국의 요새를 지키게 하셨습니다.

성령이시여! 전쟁의 상처로 고통받는 한국을 위로해 주소서! 북쪽 땅을 잃어버린 한국을 위로해 주소서! 수없이 많은 죽음을 애통해하는 한국을 위로해 주소서! 새벽을, 운명의 날을, 통일의 날을 손꼽아 기다리는 한국을 위로해 주소서! 한국은 당신을 믿기 때문에 한국의 마음속에는 희망이 있습니다. 당신은 한국의 언덕이며 안식처이십니다. 그리고 '위로받으리라, 나의 백성은 위로받으리라.'라는 당신의 말씀을 한국인들은 듣습니다.

성령이시여! 우리는 한국에 축복을 내려주실 것을 당신께 기도하나이다. 주여, 한국이 용맹스러운 마음과 헌신적인 영혼으로 당신의 영광을 실현하는 성스러운 전당이 되고, 당신이 존재하심을 보여주는 성지가 되며, 당신께 충성하고 독립과 평화를 위해 노력하고 헌신함으로써 서로 간에 믿음을 키워 가는 위대하고 참된 남녀들이 사는 사랑스러운 나라가 되게 하옵소서! 아멘."

축원 기도가 끝나자 러스크 이사장이 행사의 의의를 소개했다.

"신사 숙녀 여러분, 한미재단을 대표해서 이 거대하고 상서로우며 역사적인 행사에 참석해 주신 모든 분께 환영과 인사와 감사의 말씀을 드립니다. 오늘 우리는 세계의 위대한 애국자 중 한 분이고, 우리의 위대한 친구 중 한 분이며, 우리 시대의 가장 위대한 영웅 중 한 분을 만나서 경의를 표하고자 이 자리에 모였습니다.

이승만 대통령님의 연설이 전국적으로 TV와 라디오로 중계되는 관계로 방송 일정상 뜻하지 않게 우리의 프로그램을 약간 변경해야만 하겠습니다. 이에 따라 이승만 대통령님이 처음에 나와서 연설하시겠습니다. 여러분에게 이승만 대통령 내외분을 소개합니다."

이어서 러스크 이사장은 이승만 대통령 내외를 비롯해 한미재단의 장학금을 받고 미국에서 유학 중인 100명의 학생과 200명의 한국 교포가 만찬회에 참석했다고 소개했다. 또한 그는 뉴욕을 비롯해 미국의 주지사와 시장도 20명이나 만찬회에 참석했다고 말하고, 한미재단의 첫 번째 사업으로 미국의 영화 업계의 한국에 대한 기여를 언급했다.

"1945년 해방 직후에 한국을 돕기 위한 모금행사를 개시한 적이 있었는데, 8년 만인 금년(1954년) 봄부터 다시 한국을 돕기 위한 자선 행사를 실시하고 있습니다. 8월 4일에도 멋진 자선 시사회가 예정되어 있으며, 가을에도 계속될 것입니다. 영화에서의 수익금을 한국에 지원하는 이 사업을 책임지고 계신 분들이 이곳에 참석해 주셨습니다. 박수로 맞아 주시기 바랍니다."

또한 러스크 이사장은 'Help Korea Train'^{한국 돕기 기차 사업}과 한국
어린이 합창단의 미국 순회공연도 소개했다.

"현재 미국 철도협회 회장이며 '한국 돕기 기차 사업'을 시작한 분
이 와 계십니다. 그분의 노력으로 현재 기차 차량 750대나 되는 물
품을 모았고, 그중 9,000톤이 배에 실려 한국으로 향하고 있으며,
열흘 안에 도착할 것입니다. 첫 배에 실린 물품은 11칸의 기관차,
25대의 버스, 200대 이상의 신형 차와 트럭, 500대의 트랙터 등
농기구, 기차 차량 1대 분량의 연필, 2대 분량의 가죽, 20대 분량

한국 돕기 기차 사업 (1954년 7월 2일)

의 광목·아연·무쇠·인공 수족과 부목﹅木·약품과 세제·분유·건포
도 등입니다.

이와는 별도로 기차 차량 8대 분량의 다른 물건들이 미 대륙을
횡단해서 여러 대의 배에 실려 한국으로 가는 도중에 있습니다. 또
한 이곳에는 한국 어린이 합창단의 미국 순회공연을 지원해준 항
공사 대표와 버스업체 대표들도 와 계십니다."

미국 상류사회의 만찬회·오찬회에 참석해 보면 우리와는 사뭇 다른
점을 느낄 수 있다. 식사하는 모임이라지만 식사보다는 적극적인 사
교 모임의 성격이 강하다. 특히 참가한 사람들을 치켜세우는 발언
을 반복하는 등 지루할 정도로 서로 간에 체면을 세워주는 것이 보
통이다. 그러나 이런 의례적인 행사에 익숙해지지 않고는 서구 사
람의 사고방식을 이해할 수 없으며, 그들과의 교류도 불가능하다.

1954년 8월 2일 저녁 한미재단의 이승만 대통령 초청 만찬회
에서도 마찬가지였다. 러스크 이사장은 6·25전쟁 휴전 이후 재단
이 할리우드 영화의 자선 시사회 및 'Help Korea Train'을 통해
한국에 대한 민간차원의 지원 사업을 전개하고 있다고 소개한 후,
1,500명의 참석자 중에서 주빈석에 앉은 인사들을 일일이 거명하
기 시작했다.

"여러분이 한국에 가서 프란체스카 여사를 만났다면 그분을 잊을
수 없을 것입니다. 그 우아함, 그 사랑스러움, 그 용기, 그 힘을 말
입니다. 다른 분들에 앞서 우선 프란체스카 여사를 여러분에게 소
개해 드리겠습니다. 그리고 이승만 대통령님, 와그너 뉴욕시장님이
이 자리에 함께하셨습니다.

다음은 본인의 왼쪽 끝 좌석에 앉은 한미재단 이사이자 한국에서 세 가지 임무를 수행하고 있는 유진 테일러 씨를 소개합니다. 그 옆에는 이승만 대통령이 신뢰하는 절친이자 저술가인 올리버 교수입니다. 그 옆에는 또 다른 한국 애호가 폭스 모트 씨입니다."

이런 식으로 10여 분 동안 30여 명의 인사들을 소개한 후, 9시 정각에 미 공중파 TV와 라디오의 중계가 시작되자, 러스크 이사장은 다음과 같이 언급했다.

"TV와 라디오를 시청하는 신사 숙녀 여러분, 오늘 밤 이곳 월도르프 아스토리아 호텔 대연회장에는 한미재단의 회원과 손님들이 모여 있습니다. 세계에서 가장 위대한 분께 경의와 감사를 표하기 위해서입니다.

저는 이곳에 계신 분이나 세계의 시청자 여러분을 위해서 이 위대한 영웅을 소개하는 데 있어서 그 누구보다도 적합한 분을 알고 있습니다. 바로 한국 육군의 아버지로 알려졌고, 한국에서 사랑과 존경을 받는 분입니다. 자, 여러분께 미국의 가장 위대한 군인의 한 사람이요, 한국의 위대한 친구의 한 분인 제임스 밴 플리트 장군을 소개합니다."

이어서 밴 플리트 장군이 마이크 앞에 서서 발언했다.

"오늘 행사에 참석해 주신 여러분, 그리고 시청자 여러분, 제가 여기서 가장 위대한 세계 지도자 중의 한 분을 소개해 드리는 것을 특권이자, 영광이며, 기쁨이라고 생각합니다.

어느 시대나 몇 명의 위대한 분이 있지만, 흔히 한 세기가 지나기 전에 우리는 그들을 알지 못하게 됩니다. 그러나 아직 생존해있는 위대한 분이 이 자리에 계십니다. 위대한 애국자요, 위대한 학자요, 위대한 정치가인 그분은 무엇보다도 전지전능하신 하느님의 경건한 숭배자이며, 그 때문에 더욱 위대합니다.

이승만 대통령은 항상 정의로운 일만을 행하고, 그른 일을 결코 않는다는 신조로 삼고 살아온 분입니다. 저는 대통령이 되기보다는 정의로운 사람이기를 바라지만, 이승만 박사는 정의로울 뿐만 아니라 대통령이기도 하여 솔직히 부럽습니다.

한국에서 전투가 벌어지고 있는 동안 저는 이승만 대통령이 우리 미국 병사들을 환영하며 눈물을 흘리는 것을 보았습니다. 그분

한미재단 만찬회에서 밴 플리트 장군과 악수하는 이승만 대통령

은 또한 제게 말했습니다.

'장군, 나는 귀하의 젊은이들이 고향인 미국에서 아주 멀리 떨어진 이곳에서 싸우는 것을 보고 싶지 않습니다. 우리나라의 많은 젊은이는 이제 자유를 위해 싸우고 죽을 각오가 되어 있습니다. 부디 우리에게 무기를 제공하고 젊은이들을 훈련해서 우리 스스로가 모든 것을 할 수 있도록 귀하의 정부에 건의해 주기 바랍니다.'

강인한 한국군 장병들은 용감하게 잘 싸웠습니다. 그 때문에 우리 미국 병사들은 그들을 좋아합니다. 위대한 이승만 대통령은 그의 장병과 우리 미군 병사들을 하나같이 사랑했습니다. 여러분에게 자유를 위한 우리의 투사, 대한민국 이승만 대통령 각하를 소개합니다."

밴 플리트 장군의 극찬을 받은 이승만 대통령이 연단에 서서 1,500명의 참석자와 미국 전역의 TV 시청자들 앞에서 유창한 영어 연설을 시작했다.

한미재단 만찬회 연설 전문

1954.8.2.

멀리 떨어진 나라를 위해 보여 준 여러분의 숭고한 호의에 대해서 오늘 밤, 이 사람이 한국 국민의 이름으로 감사드리게 된 것을 큰 영광으로 생각합니다.

여러분은 우리가 필요로 하는 것이 끝없이 많다고 보았으며, 정부 차원의 원조로는 극히 일부만 충족될 것이라는 사실을 깨달았습니다.

여러분은 조사를 위해 많은 시간을 허비하지 않았고, 까다롭고 번잡스러운 절차를 만들지도 않았습니다.

그러나 여러분은 실로 기적과도 같은 놀라운 위업을 이루었습니다. 그러한 도움이 없었다면, 곤궁에 처한 수십만 한국인의 형편은 지금보다 훨씬 더 나빠졌을 것입니다.

이것이 바로 민간단체인 한미재단의 도움이 숭고한 의미를 갖는 이유입니다. 이는 타인의 마음에서 우러나오는 것입니다. 미국의 민간 원조 계획에 의해 제공된 돈, 상품, 식량은 엄청나게 중요합니다. 여러분은 의류로 우리 국민을 겨울 동안 따뜻하게 해 주었고, 다른 활동으로 한국 국민이 절실하게 필요로 하는 물질적인 도움을 즉시 제공했습니다.

그러나 나는 한미재단과 다른 기관들이 미국인과 한국인 사이에 맺어진 정신적인 유대가 더욱 위대한 결과물이라고 생각합니다.

이 세계에서 유독 우리 두 나라의 자유 국민이 공산주의 위협을 받고 있습니다. 한국은 인구, 자원, 산업, 재산이 미국보다 부족합니다. 그러나 우리는 자유와 민주주의에 관해서는 미국과 같은 신념과 정서를 공유하고 있습니다.

우리의 용기 역시 의문의 여지가 없습니다. 그리고 우리는 적을 물리치고 지구상에 영원한 평화를 구현하는 성스러운 전쟁에서 미국 편에 서는 것 이상은 바라지 않을 것입니다.

나는 우리를 돕는 미국인의 마음씨를 보여주는 짧막한 이야기를 여러분께 들려드리고자 합니다.

워싱턴에서 국무부 소속 운전기사 중 한 분이 한국을 돕는 멋진 사업들의 하나를 통해서 의류를 기부했다고 합니다. 그분은 몇 해 전에 미국을 방문한 한국 공식 대표단을 위해서 운전했으며 이후 한국을 적극적으로 돕고 싶어졌다고 합니다. 그의 부인과 두 딸도 절약할 수 있는 한 절약해서 기부했고, 자신은 단 한 벌인 여름 신사복도 기부했다고 합니다.

그것이 바로 한국 국민에 대한 미국 국민의 목소리입니다. 이런 얘기를 듣는 것은 정말 가슴이 따뜻해지는 경험입니다. 미국을 방문한 나의 임무가 단지 미국의 호의를 얻는 데 있었다면, 성공적이었다고 할 수 있습니다.

그러나 아직 시간이 없어서 이야기하지 못한 또 다른 많은 것이 있습니다. 워싱턴에서 몇몇 신문기자가 방미에 대해서 만족하느냐고 내게 물었습니다. 그들은 내가 어떤 일을 성취했고, 얼마나 받아 냈으며, 고무되었는지 혹은 낙담했는지를 알고 싶어 했습니다.

나의 대답은 이것입니다. 공적 차원에서 결코 그다지 많은 것을 기대하지 않았기 때문에 낙담하지 않는다는 것입니다. 내 친구들에게 알려 주고자 합니다. 내가 여기 온 것은 더 많은 원조, 더 많은 자금, 기타 무엇을 요구하려는 것이 아닙니다. 또한 얻고자 하는 것이 부족하다거나, 굶어 죽겠다는 등등의 불평을 말하려고 온 것도 아닙니다.

우리가 난관에 직면한 것은 사실입니다. 그러나 우리 국민은 울면서 도움을 갈구하지 않습니다. 우리는 눈물을 감추고 조용한 결의와 용감한 미소로 기아와 파괴를 이겨 내는 싸움을 시작했습니다. 우리는 구걸하지 않으며, 앞으로도 구걸하지 않을 것입니다. 우리는 친구들이 우리를 위해서 제공할 수 있는 것에 대해서는 무엇이든 감사해하고, 앞으로도 감사한 마음을 가질 것입니다.

정부 차원의 원조에 대해서 말하자면, 우리의 주 관심사는 이미 수령하고 있는 것을 어떻게 더욱 효과적으로 사용하느냐 하는 것입니다. 이것이 추가로 무엇을 받는 것보다도 더 중요합니다. 나는 여러분에게 한국에 와서 한번 둘러보라고 말하고 싶습니다. 그러면 내가 뜻하는 바가 무엇인지 이해할 것입니다.

한국 정부는 미 경제협조처 사업이 개시될 때, 10개 또는 12개 필수 사업안 목록을 제시했습니다. 이 목록에는 절실하게 필요한 전력, 비료, 그리고 시멘트 공장이 포함되었습니다. 그러나 이 중 어느 것도 시작되지 못했습니다.

단지 지난해 여름, 미 경제협조처와 유엔한국재건단의 인적 구조에 큰 변화가 있고 나서야, 일부 공장들이 착수되었습니다. 몇 개의 직물공장들도 복구되었습니다. 비료, 유리, 전력, 그리고 소수의 다른 공장들은 설계 중입니다. 그러나 이는 너무 늦은 것입니다. 그러니 할 일이 여전히 많습니다.

재건과 복구를 위해 아직 해결되지 않은 문제들이 많고, 또 다른 어려움들에 직면해 있지만, 나는 크게 고무되어 있습니다. 앞서 얘기했듯이 미국 국민이 한국에 대해서 자발적으로 도와줄 마음과 동정심을 표시해 주었기 때문입니다.

그들은 공산주의자들의 위협이 심각하다는 것을 이해하는 분들입니다. 미국 국민이 그러한 정신을 갖는 한 공산주의 혹은 공산주의에 대한 공포가 팽배할 수 없다는 것을 우리는 잘 압니다.

나의 최대 소망은 미국 국민이 공산주의자들의 전체주의적인 위협을 제거하기 위하여 십자군처럼 강력하게 전국적인 운동을 조직하는 준비를 하는 것입니다. 내가 아는 한 미국에서 민주주의 여론과 반공주의 정신이 점차 강화되고 있는데, 그것은 바로 내게 필요한 힘이며 격려입니다.

이것은 우리가 한반도에서 중국 공산주의자들을 축출할 때까지 계속 투쟁하게 만드는 자극제입니다. 한국인들이 자신을 위해서 그리고 미국을 위해서 무엇을 하고 있는지를 미국 국민이 깨닫는다면, 나는 확고부동한 마음과 원기 왕성한 정신으로 고국으로 돌아갈 것입니다.

이제 여러분이 내게 허락하신다면, 나는 한반도 통일이라는 내게 매우 소중한 얘기를 하고자 합니다. 이 주제는 많은 오해가 있었기에 내 조국의 입장을 여러분에게 명백히 말씀드리고자 합니다.

도의적으로 볼 때, 한국은 자유민주주의 국가로 통일이 되어야 한다는 데에는 의문의 여지가 없습니다. 유엔과 미국이 그렇게 말했고, 소련도 자유 한국의 건설에 합의한 당사자의 하나라는 사실을 절대 망각해서는 안 됩니다.

제2차 세계대전 후 미국은 부지불식간에 불유쾌한 실수를 저질렀습니다. 그것은 바로 한반도의 38선 이북을 소련이 점령하도록 만든 것입니다.

여러분은 어떤 일이 일어났는지 아실 것입니다. 그것은 공산주의자들이 그들에게 속하지 않은 것을 손아귀에 넣었을 때 항상 생기는 일입니다. 그들은 차지한 것을 집요하게 그들의 제도에 편입시킵니다. 그렇게 소련인들은 북한을 꼭두각시로 만들고, 1950년 6월에는 평화로운 우리 한반도 남쪽의 땅을 침략하도록 만들었습니다.

미국과 유엔이 우리를 구하기 위해서 왔으며, 우리에게 불리하던 전황이 갑자기 역전되었습니다. 그러나 우리가 막 승리와 통일의 문턱에 이르렀을 때, 공산주의자들은 중국 공산주의자들이라는 도구를 이용해서 다시 공격해 왔습니다.

그때까지만 해도 우리는 전쟁에 승리할 수 있었습니다. 한국군은 제임스 밴 플리트 장군 덕분에 막강한 전력을 가지게 되었습니다. 우리는 필사적으로 북진을 원했습니다. 그러나 중공 지역에 있는 적의 주요 거점들을 공격하지 말라는 지시를 받음으로써 우리는 손발이 묶였습니다. 그 후 판문점과 제네바에서 적과 쓸데없는 휴전회담과 소용없는 협상들이 계속되었습니다.

오늘날 한반도에는 평화가 존재하지 않습니다. 심지어 휴전도 없습니다. 공산주의자들이 이를 거부하고 날이면 날마다 수없이 위반하기 때문입니다. 그러나 이렇게 휴전을 위반하고 군비를 엄청나게 증강함으로써, 지난해 한국의 입지는 약해졌습니다.

미군 2개 사단이 철수하고, 공군 부대도 철수했습니다. 이는 바로 공산주의자들이 원하는 것이며, 그들이 휴전협정에 서명할 때 기대했던 바로 그것입니다.

그들의 전략은 매우 단순합니다. 우리가 약해지고 그들이 강해질 때까지 기다리는 것입니다. 그들은 4년 전에 그랬던 것처럼, 아무런 예고도 없이 또다시 공격해 올 것입니다.

우리는 다시 전투해야만 한다는 사실을 확실히 알고 있습니다. 그렇다면 적이 선택한 시점이 아니라, 이길 확률이 우리에게 유리할 때 빨리 싸우는 것이 훨씬 낫지 않겠습니까?

내가 그렇게 생각하고, 우리 군 지도자들도 그렇게 생각합니다. 그리고 미국의 여러 전략가도 이에 동의합니다. 여러분도 아시다시피, 많은 미군 고위인사들이 한국의 휴전을 끔찍한 실수로 간주했습니다. 그들은 승리하지 못한 전쟁은 처음부터 다시 싸워야만 한다는 사실을 잘 알고 있습니다.

한반도 통일이 우리나라보다도 훨씬 더 큰 이해관계를 가진다는 결정적이고 긴박한 이유가 있습니다. 여태껏 자유세계는 공산주의자들에 대항해서 패배하는 전투를 하고 있습니다. 우리는 유럽, 한반도, 중국, 인도차이나에서 뒤쪽으로 밀려났습니다.

우리 우방들이 하나씩 사라집니다. 남아 있는 우방들은 저항할 의지가 없습니다. 그들은 유화 정책과 서서히 죽음에 이르는 공존이라는 길을 선호합니다. 시간은 우리에게 점점 촉박해지고 있습니다. 왜냐하면 우리는 점점 약해지고, 적들은 점차 강해지기 때문입니다.

그러므로 여러분에게 말하고자 합니다. 이런 추세가 반대로 되어야 한다고 말입니다. 우리는 어디서부터 시작해야 할까요? 노울랜드 상원의원이 지적했듯이 한국전쟁은 올바른 곳에서 올바르게 치른 전쟁이었습니다. 그것은 아직도 그렇습니다.

자유세계는 한국 국민이라는 강인하게 싸우는 우방을 갖고 있습니다. 한국이라는 우방은 그 일을 하기 위한 수단과 기회 이상의 것을 요구하지도 않습니다.

한국전쟁은 제한 전쟁입니다. 공산주의자들이 원하지 않는 한, 한국전쟁이 세계대전으로 비화하지는 않을 것입니다. 나의 친구들이여, 나를 믿으시오. 만약 소련이 원했다면, 벌써 제3차 세계대전이 지구를 휩싸고 있을 것입니다.

한국의 목표들은 제한적입니다. 그 목표들은 물리적으로나 심리적으로 매우 중요합니다. 물리적으로 우리는 중국 본토를 구하는 길을 열 수 있으며, 심리적으로는 현재 자유 진영 전체가 너무도 간절히 필요로 하는 사기를 엄청나게 북돋아 줄 수 있을 것입니다.

달리 말해서, 우리는 공산주의자들을 저지할 수 있으며, 그들이 세계 전체로 세력을 확대하기 시작한 이후 처음으로 그들을 영구히 격퇴할 수 있습니다. 이러한 승리는 인간의 자유라는 대의를 위해서 절실히 필요한 것입니다.

한국은 자신의 통일과 생존을 위해서 뿐만 아니라, 세계 모든 국민에게 자유, 정의, 평화가 보장되도록 돕기 위해서 이러한 공헌을 하고 싶습니다. 150만 한국의 아들이 전진하여 적을 무찌르고 그들의 가정뿐만 아니라, 미국의 가정도 방어할 수 있도록 우리를 도와주십시오.

가슴이 너무 벅차서 나는 이번 미국 방문을 통해서 느낀 바를 말로 표현하기 힘듭니다. 내가 마땅한 단어들을 찾기 힘드니, 여러분이 내 진심의 깊이를 가늠해 주시기를 바랄 뿐입니다. 우리나라를 구해 주시고, 결국 승리하리라는 새로운 희망을 우리에게 불러일으켜 준 미국인들에게 감사합니다, 감사합니다, 감사합니다.

나는 이 기회에 미국 어머니들에게 마음속 깊은 곳에서 우러나는 감사를 표하지 않을 수 없습니다. 한국이 가장 위태로운 시기에 처했을 때 미 육군, 해군, 공군, 해병대에 복무하고 있던 아들, 남편, 형제들을 한국에 파견해 주었던 미국 어머니들에게 감사드립니다.

우리의 계곡과 산악에서 미국과 한국 장병들의 영혼이 함께 신의 품으로 올라간 것을 우리는 결코 잊지 못할 것입니다. 우리가 그들에 대한 기억을 소중히 간직하듯이, 전지전능하신 하느님도 그들을 소중히 아껴 주시기를 기원합니다.

미국이여, 그대는 지난 며칠 동안 내게 그대의 위대함을 보여주었습니다. 그리고 나는 공산주의자들이 결코 우리를 패배시킬 수 없다는 사실을 알게 되었습니다. 우리는 그대와 함께 서 있습니다. 우리는 그대의 편입니다.

이는 실로 엄청난 일입니다. 나의 영혼은 미국 국민의 넘치는 후의와 지지로 한껏 고무되어 있습니다. 우리가 힘을 합하면 무적입니다. 정의라는 대의를 가진 갑옷을 입고 신의 가호를 받는 우리는 기필코 승리할 것입니다.

미국 전역에 TV와 라디오로 중계되는 가운데, 이승만은 150만 명의 대한민국 장병이 전진하여 적을 무찌르고 한국의 가정뿐만 아니라 미국의 가정도 지킬 수 있도록 미국 국민이 도와달라고 호소했다. 그것이 한국의 통일과 생존뿐만 아니라, 세계 모든 나라 국민에게 자유·정의·평화를 보장하는 길이라고 확신했기 때문이다.

특히, 1953년 3월 스탈린이 사망하자, 이승만은 자기 뜻을 이룰 수 있는 절호의 기회라고 판단했다. 그러나 아이젠하워가 들은 척도 않자, 미국 여론에 직접 호소하려고 미국을 방문해서 가는 곳마다, 만나는 사람마다 위의 연설처럼 자신의 주장을 역설했다. 아직도 남북 분단상태로 오늘을 사는 우리는 그때 그가 옳았는지 그렇지 않았는지를 알 것이다!

자, 다시 한미재단 만찬회장으로 돌아가 보기로 하자. 미리 준비한 연설문을 읽은 이승만 대통령은 TV와 라디오 중계가 끝나자, 즉흥 연설을 시작했다.

"신사 숙녀 여러분, 그리고 친구들이여, 아시다시피 나는 원고를 그냥 따라 읽는 연사들을 좋아하지 않습니다. 몇 시간 전에 미리 작성된 연설은 쓸모없는 것입니다. 그것은 상황이나 정서에 맞지 않기 때문입니다. 그러나 나는 미리 적어 둔 연설에 열중해야 했고, 그렇게 했습니다.

그런데 이제 방송 시간제한이 풀렸으므로 추가로 한두 마디 더 해야겠습니다. 우리의 마음속에 있는 말, 나와 내 아내의 마음속뿐만 아니라, 한국 국민 모두의 가슴속에 있는 말을 나는 이곳에서 해야만 합니다.

감사합니다, 감사합니다, 감사합니다, 이 밤이 새도록 감사합니다. 여러분 모두에게, 공직에 종사하는 분들에게, 거리의 시민 모두에게 감사합니다. 우리는 이 모든 도움에 대해서 여러분에게 감사합니다. 우리는 여러분과 같은 친구를 주신 데 대해 하느님께 감사드립니다.

이 위대한 도시, 뉴욕의 거리에서 펼쳐진 퍼레이드와 미국 어디에서나 받았던 격려의 환호와 갈채는 내게 너무나 멋진 경험입니다. 나는 그것이 무엇을 의미하는지를 압니다. 그것은 미국이 우리와 어깨와 어깨를 나란히 하고 이 세상에서 가장 큰 자유의 적, 인류의 적과 맞서 싸우고 있다는 사실을 일깨워 주는 것입니다.

그것은 나와 우리 국민, 그리고 다른 나라의 국민에게도 짜릿한 감동을 줍니다. 나는 우리가 얼마나 큰 격려를 받고 고무되었는지를 모두 다 설명하기 힘듭니다. 그러나 나는 그것이 세계의 모든 국민, 모든 나라의 반공주의자들에게 보내는 위대한 격려라는 것도 압니다.

친애하는 나의 친구들이여, 나는 여러분이 그러한 격려를 계속해 주기를 요청합니다. 계속 격려해 주십시오. 세계 도처에 있는 여러분의 동맹국과 우방들을 실망시키지 마십시오. 그들 중에서 많은 수가 낙담했고, 포기했으며, 노선을 바꿔 적들과 같은 편이 되었습니다. 제발 그들을 실망시키지 마십시오.

한 가지 더 말씀드리고자 합니다. 나와 내 아내는 아이젠하워 대통령 내외에 대해서 변치 않을 감사의 마음을 안고 미국 땅을 떠날 것입니다. 나는 아이젠하워 대통령을 우리가 믿을 수 있는 매우 위대한 친구라고 항상 생각했습니다. 이것은 우리의 대화를 통해서 내가 알아낸 하나의 사실입니다.

아이젠하워 대통령은 내게 말했습니다. '우리의 미래 세대가 걱정입니다. 우리는 밤낮으로 걱정 속에 삽니다. 걱정이란 바로 또 다른 세계대전이 발발하면, 핵무기와 수소폭탄이 세계 문명과 인류의 절반을 파괴할 것이라는 사실입니다. 이는 무시무시하고 끔찍한 일입니다. 우리는 이러한 사실을 간과할 수 없습니다.'

나는 전적으로 그의 의견에 동의합니다. 그래서 그에게 말했습니다. '당신이 옳습니다. 당신과 의견을 함께합니다.' 그러나 이렇게도 말했습니다. '우리가 생명보다도 귀중하게 생각하는 민주적인 제도나 자유를 포기하려는 결단을 내리지 않았고 포기할 의사가 없는 한, 우리는 세계대전을 피할 수 없습니다. 달리 방법이 없는 것입니다—다른 방법이 없습니다.'

나는 미국 국민이 안전과 평화를 지키려고 할 것이라는 사실을 알고 있습니다. 미국의 위대한 유산인 이러한 민주적인 원칙들은 조지 워싱턴과 토머스 제퍼슨에 의해서 주창되었고, 국민의, 국민에 의한, 국민을 위한 정부는 지구상에서 영원히 사라지지 않을 것이라고 말한 링컨에 의해서 확립된 것입니다.

나는 미국 국민이 이러한 원칙들을 하늘이 무너져도 포기하지 않을 것으로 생각합니다.

곧 끝내겠습니다. 내 아내가 매우 걱정하고 있군요.

나는 지금 아이젠하워 대통령과 완전히 의견이 일치합니다. 나는 그의 감정을 존중합니다. 그러나 단 한 가지, 우리의 기다림이 길면 길수록, 재앙이 더 극복하기 힘들어지고, 더 악화된다는 사실입니다. 그것이 우리의 유일한 차이점입니다.

나는 아이젠하워 대통령이 프롤레타리아 독재자라고 생각하지 않습니다. 그는 미국 국민의 여론에 따라야만 합니다. 미국 여론과 세계 여론의 위대한 지도자들인 여러분이 공산주의자의 팽창을 막기 위해서 할 수 있는 모든 일을 빨리할수록 상황은 더 나아질 것입니다. 그러면 아이젠하워 대통령도 스스로 무엇을 해야 할지를 훨씬 수월하게 느끼게 될 것으로 나는 확신합니다."

TV와 라디오 중계방송이 끝난 후, 이승만 대통령의 이 즉흥 연설이야말로 미국 땅에서 행한 그 어느 나라 국가원수도 따를 수 없는 명연설이었다고 감히 말하고 싶다. 이승만은 미국 한복판에서 미국 대통령을 공개적으로 몰아붙이는 무서운 인물이었다. 그는 뛰어난 연설가였으며, 용감한 지도자였다.

요즈음 이승만 대통령에 대한 모욕적인 언사와 심지어 6·25전쟁과 미국의 역할에 대한 그릇된 사실을 공공연히 유포시키는 분들이 이 즉흥 연설을 한 번쯤 읽었으면 하는 바람이다.

이어서 러스크 이사장이 마이크를 잡았다.

"나는 이곳에 모인 모든 분이 위대한 애국자의 마음속을 깊숙이 들여다볼 수 있는 영광을 누리고 크게 감동하여 스스로 참으로 초라하다는 느낌을 받았을 것으로 생각합니다. 자, 잠시 뉴욕 유대교 목사협의회 회장 데이비드 셀리그손 목사님이 기도를 올리겠습니다."

"우리의 아버지 하느님, 자유의 창시자이신 당신께 기도하나이다. 하늘에 계신 우리 아버지, 당신은 시나이 언덕에서 당신의 이름을 인간에게 알게 하셨나이다. 그리고 그 말씀은 퍼져나갔습니다. '나는 애굽의 속박으로부터 너희를 인도한 너희의 하느님 여호와니라.' 당신의 신성한 언어는 모든 세대의 인간에게 자유를 위한 투쟁을 계속하게 하고, 자신과 동료들을 속박에서 해방시키는 자극제가 되었습니다.

우리는 당신께서 자유국가라는 비전을 주신 데 대해서 감사드립니다. 자유국가의 비전은 우리 건국의 아버지들에게 힘을 북돋아 주었고, 당신의 제단 앞에서 인간의 마음에 가해지는 그 어떤 형태의 폭압에 대해서도 영원히 적대시하겠다고 맹세하도록 했습니다.

우리는 하느님께서 우리 건국의 개척자들과 설계자들에게 용기를 갖도록 해 주신 데 대해서 감사드립니다. 그들은 하느님의 자유를 확신하고, 자유와 인간의 존엄이라는 신성한 가치를 위해서 기꺼이 피를 흘릴 자세가 되어 있었습니다.

오늘 우리는 주님이 보시는 가운데 영웅적인 한국 국민의 지도자를 존경하기 위해서 겸허한 마음으로 이 자리에 모였습니다. 당신의 축복이 그와 함께하시기를 간절히 비나이다. 정의와 신념으로 무장한 이승만 대통령과 그의 국민을 지켜 주소서. 그들이 중시하는 인간 본연의 대의가 번창하도록 하시어, 그들의 대의가 악의 힘을 누르고 승리하게 해 주옵소서.

한국과 한국 국민이 폭정과 인간 노예화의 위협 세력에 대항하는데 홀로 서 있지 않도록 이 축복받은 땅의 도시들과 평원들에서 결단과 결의가 일어나게 하옵소서.

한국의 어린이들과 그곳의 모든 사람에게 이 축복받은 나라의 자유의 종에 새겨진 당신의 빛바래지 않는 말씀이 충만하는 날이 빨리 오도록 해 주옵소서. '그 땅에 있는 모든 주민을 위하여 자유를 공포하라.' 아멘."

데이비드 셀리그손 목사의 기도가 끝나자, 러스크 이사장이 말했다.

"자, 이제, 뉴욕시장님, 시장님께서 힘든 하루 일과 후에 이 자리에 함께해 주신 것을 감사하게 생각합니다. 그리고 환영합니다."

로버트 와그너Robert F. Wagner, Jr., 1910~1991는 뉴욕시장을 3차례나 역임한 전설적인 인물이다. 공교롭게도 그는 1954년 1월 시장에 취임한 후, 8월에 이승만 대통령을 뉴욕에서 영접했으며, 1965년 5월에는 대한민국 역사상 2번째로 미국을 국빈 방문했던 박정희 대통령을 뉴욕에서 다시 영접한 후, 그해 12월 시장직에서 사임했다.

하워드 이사장의 소개를 받은 와그너 시장이 연설을 시작했다.

"러스크 이사장님, 이승만 대통령님 내외분, 저명한 목회자님, 상석에 앉으신 귀빈, 그리고 친구 여러분!

오늘은 뉴욕시가 결코 잊을 수 없는 날입니다. 마찬가지로 나는 우리의 저명하고 널리 사랑받는 이승만 대통령님께서도 우리의 도시를 방문하신 것을 기억에 남을 만한 날로 간직해 주시기를 희망합니다.

우리 8백만 뉴욕 시민들은 오늘 위대한 인물에 대해 존경과 경의를 표했습니다. 그분은 존경받는 민주주의 우방의 대표를 넘어 인간 본성의 가장 중요한 상징인 용기의 표상입니다.

이상을 신봉하는 데는 용기가 필요합니다. 수적으로 압도하는 적에 맞서서 대의를 위해 싸우기 위해서는 용기가 필요합니다. 100만 명의 사상자를 낳게 하고 수천만 한국인들을 심각한 혼란에 빠뜨린 세계적인 살인과 약탈 전문가들의 무리에 저항하는 데는 용기가 필요합니다.

자유를 위해서 타협하는 것보다 차라리 죽음을 택하는 것은 훨씬 더 큰 용기가 합니다. 이승만 대통령이 하신 것과 같은 일을 하기 위해서, 그리고 그분이 살아온 것과 삶을 살기 위해서는 용맹스런 사자와 같은 용기가 필요합니다. 오늘 우리가 모신 주빈이 여러모로 세계의 영웅인 이유는 바로 이런데 기인하는 것입니다.

믿기 어려운 역경, 기아, 한파, 공황, 무기의 부족에 직면해 있으면서도, 심지어 유엔의 도움을 얻을 희망이 없었을 때도 그는 한국 국민을 자유의 기치 아래 규합했습니다. 그는 아시아 민주주의의 생존을 위해서, 전 세계 자유인들의 안전을 위해서 전쟁을 치렀습니다.

이승만 대통령은 세계가 영원히 잊지 못할 교훈을 주었습니다. 그분은 바로 우리에게 불굴의 정신과 신념은 무신론과 폭정에 의해서 소멸되지 않는다는 사실을 가르쳐 주었습니다.

또한 그분은 크렘린 당국에게 그들이 결코 잊지 못할 교훈을 안겨 줬습니다. 그분은 소련과 무자비한 위성 국가들의 통치자들에게 자유국가의 국민이 자유를 빼앗기느니보다는 죽음을 택할 것이고, 인간의 존엄성을 희생시키느니보다는 그 어떤 희생이라도 치를 것이며, 침략에 굴복하느니보다는 고통을 감수하며 싸울 것이라는 사실을 확실히 가르쳐 주었습니다!

이승만 박사는 소련에게 국가를 사랑하고 진리를 사랑하는 국민의 의지가 그 어떤 무기보다도 강하다는 것을 가르쳐 주었습니다. 그리고 민주주의가 남녀노소에게 불굴의 의지로 인정사정 볼 것 없이 싸우도록 만드는 숭고한 목표라는 사실도 가르쳐 주었습니다.

우리는 험난한 세상에서 힘든 시대를 살고 있습니다. 그러나 우리 자유인들의 신념은 결코 흔들리지 않습니다. 또한 용기의 상징인 이승만 대통령과 같은 지도자들과 우리가 존경할 만한 국민들이 있는 한, 인간으로서의 고결함과 품격을 지키기 위해 헌신하려는 우리의 진지한 노력은 결코 흔들리지 않을 것입니다. 감사합니다."

이어서 상원의원 하워드 스미스Howard A. Smith, 1880~1966가 연설했다.

"사회자님, 나의 좋은 친구인 이승만 박사 내외분, 귀빈 여러분, 그리고 신사 숙녀 여러분!

나는 미국 상원의 대외관계위원회 소속 위원으로 몇 년간 일하면서 각각 다른 계기로 세 번 극동을 여행할 수 있었던 것을 영광을 생각합니다. 제2차 세계대전이 종료된 후인 1949년, 한국전쟁이 발발한 후 전투가 한창일 때인 1951년, 그리고 작년 1953년에 한국을 방문했습니다.

첫 번째 방문에서 나의 친애하는 친구인 이승만 박사 내외분을 처음 만났습니다. 두 분과의 접촉에서 우정과 참된 애정이 싹텄습니다. 왜냐하면 대의를 위해서는 목숨을 내놓고 사는 이분들의 열의를 느꼈기 때문입니다. 나는 이분들에게 개인적으로 경의를 표하지 않을 수 없습니다.

내가 두 번째 한국을 방문했을 때 이 박사 내외는 관저에서 나를 맞아 주었습니다. 그때 내가 한국에 간 것은 내 손자가 서울 근처에서 공군기지 방어를 위한 일을 돕는 미군 사병으로 근무하고 있었기 때문이었습니다. 그때 나의 친애하는 친구인 밴 플리트 장군을 만났습니다.

세 번째는 지난해 우리의 어려움이 가중되고 있을 때 그곳을 다시 방문하는 특권을 가졌으며, 또다시 이 친애하는 분들의 환대를 받는 영예를 누렸습니다.

나는 미국 대통령을 대신해서 모든 미국 국민이 한국의 미래에 대하여 깊은 관심을 가지고 있다는 사실을 밝혀 둡니다. 우리 미국은 오늘 이 자리에 계신 위대한 애국자 이승만 대통령이 대표하고 있는 강하고 용감하며 끈질긴 한국 국민의 정당한 열망을 계속 지원할 것입니다. 이승만 대통령 내외분께 신의 가호가 함께하시길 기원합니다.”

스미스 상원의원의 연설이 끝나자마자, 이승만 대통령은 사회자의 양해도 구하지 않고, 다시 자리에서 일어나 마이크를 잡았다.

“러스크 이사장님, 와그너 시장님, 스미스 상원의원님, 신사 숙녀 여러분, 내 아내가 시간이 너무 늦었다고 합니다. 물론 늦은 줄 알고 있습니다. 그러나 나는 한두 마디만 더 얘기하겠습니다. 오늘 이곳은 내게 가장 영광스런 자리이기 때문입니다.

아이젠하워 대통령의 위대한 마술—그것은 내가 기대할 수 있었던 최고의 격려입니다. 나의 친구들이여, 나는 미국 대통령과 방금 매우 고무적인 말씀을 해 준 스미스 의원에게 감사드립니다.

어느 곳에선가 나는 우리가 아시아를 구하기 위해서 중국을 구원해야 한다고 말했습니다. 우리가 아시아를 잃는다면, 다른 대륙들을 구하기 매우 힘들어집니다. 그러나 중국을 구한다는 것은 6억의 중국인들을 정복하기 위해서 육군과 공군을 파병하는 것을 의미하지는 않습니다.

그 일을 하는 방법은 그들을 격려해 주는 것입니다. 자유를 위해서 싸우고 있는 모든 사람에게 우리가 다음과 같이 말해 주기만 하면 됩니다. '여기 증거가 있다. 이승만이 공산주의에 저항하는 시범을 보였다. 그리고 위대한 미국이, 위대한 미국 대통령이 이승만의 배후를 굳건히 지켜 주고 있다. 너희도 역시 자유를 위한 투쟁을 할 수 있으며, 그러면 미국이 너희를 도울 것이다.'

이것이 격려입니다. 이것이 고무시켜 주는 것입니다. 이것이 우리가 사용하고자 하는 힘입니다. 우리가 중국을 이기지 못하면, 우리가 수백만의 소련 공산주의자들을 이기지 못하면, 공산주의를 격퇴하는 일은 매우 힘든 과업이 될 것입니다.

그리고 우리는 그것을 하는 방법을 갖고 있습니다. 중국과 소련의 모든 반공 세력들에게 자유를 위해서 싸우도록 호소합시다. 그러면 나머지는 하나둘씩 뒤따라올 것입니다. 나는 이를 확신합니다. 이러한 노선을 따라갑시다."

이승만 대통령은 상대방의 영어 연설을 완벽하게 이해하고, 이렇게 영어로 즉흥적이고도 멋진 발언을 할 수 있었던 대한민국 최고 외교관이었다.

이날 행사의 마지막 연사로 나선 인물은 메리 로드Mary Pillsbury Lord, 1904~1978 여사였다. 그녀는 저명한 시민운동가로 아이젠하워 대통령과 각별한 관계에 있었다. 이런 인연으로 그녀는 1953년, 루스벨트 대통령의 부인 엘리노어 루스벨트Eleanor Roosevelt, 1884~1962의 후임으로 유엔인권위원회 미국 대표가 됐으며, 유엔총회 미국 대표로도 활동했다. 로드는 다음과 같이 말했다.

"이승만 대통령 내외분, 유엔의 일에 활발하게 참여하고 있는 사람으로서 용감한 지도자, 위대한 애국자이자 위대한 친구, 그리고 그분의 용감한 조국을 찬양하는 이곳에 초청받게 된 것을 실로 무한한 영광으로 생각합니다.

세계평화는 유엔의 가장 중요한 목표입니다. 우리는 한국에서 역사상 최초로 국제조직에 의한 조치가 권고되었고, 평화를 사랑하는 사람들의 일치된 힘이 침략자들을 격퇴했다는 사실을 알고 있습니다.

대통령님, 평화를 지키기 위하여, 미래의 무장 침략 위협을 저지하기 위하여, 귀국의 올바른 통일을 지향하기 위하여, 평화를 사랑하는 국가들은 동반자로서 단결해야만 합니다. 그들의 고유한 자유를 소중하게 생각하고, 자유가 공격받으면 방어를 위해 함께 투쟁하는 동반자로서 말입니다.

대통령님, 한국 국민이 이러한 자유를 위한 투쟁에서 전 세계에 보여준 것이 있습니다. 그것은 자유를 위한 투쟁의 성공이 전적으로 한국 국민의 각고의 노력, 그들이 치른 지독한 희생, 그들이 소중히 여기는 성실함의 결과물이라는 사실입니다.

유엔의 영구적인 평화, 미래, 통합을 위한 투쟁의 성공은 한국 국민처럼 투쟁하느냐에 달려있습니다. 그렇습니다. 자유는 모든 국가와 개인의 권리이자 책임입니다. 그리고 모든 나라는 귀하와 귀하의 나라가 이러한 권리와 책임을 고수하려고 노력하는 데 대해 마땅히 찬사를 보내야만 합니다."

메리 로드 여사의 발언이 끝나자, 러스크 이사장이 말했다.

"나는 우리가 한국을 위해서 무엇을 하는지에 관계없이 오늘 밤 이 자리를 떠날 때, 한국에 줄 수 있는 게 없다고 느끼게 될 것으로 생각합니다. 오히려 우리는 한국인들에게 진 빚 중에서 극히 일부만을 갚을 수 있을 겁니다. 이자는 갚지 못하더라도, 바라건대 원금의 조금만이라도 갚았으면 좋겠습니다.

우리는 오늘 다시 전념해야 할 과제를 안고 이 연회장을 나가게 될 것입니다. 그 과제란 바로 우리가 민주주의를 신봉하는 친구들의 편이라는 사실을 보여주는 것입니다. 나아가 민주주의가 가장 나은 삶의 방식이란 사실, 우리가 앞으로 친구인 당신의 용기와 정력에 진정으로 감사를 표시할 것이라는 사실, 그리고 우리가 항상 당신에게 사랑과 애정과 우정을 가지고 있다는 사실을 보여주는 것입니다."

러스크 이사장의 말을 들은 이승만 대통령이 다시 마이크를 잡았다.

"신사 숙녀 여러분, 이렇게 자주 자리에서 일어나는 것을 미안하게 생각합니다. 용서하세요. 그러나 시장께서 해 주신 대단한 말씀에 큰 감사의 뜻을 표하고 싶습니다. 그 말씀을 영원히 간직하겠습니다. 감사합니다. 그리고 로드 여사의 우아한 말씀 감사합니다.

더 이상 말을 해서는 안 되겠지요. 그러나 몇 초만 하게 해 주십시오. 여기 한국에서부터 가져온 훈장이 하나 있는데, 여러분이 있는 자리에서 수여하는 것이 가장 시의적절해 보입니다. 러스크 이사장님 내외분, 한국 국민의 더없이 감사한 마음을 담아 이 훈장을 드리고 싶습니다.

이 훈장을 수여하는 이유가 담긴 증서가 있습니다. 한글로 쓰

여 있으며, 대한민국의 국새가 찍혀있습니다. 소박한 감사와 존경의 표시로 양유찬 대사에게 훈장증의 내용을 여러분께 읽어 드리도록 하겠습니다."

양유찬 대사가 훈장을 수여하는 이유가 담긴 증서를 읽었다.

"대한민국은 인도주의자, 의사, 편집인 하워드 러스크 박사에게 국민훈장을 수여합니다. 러스크 박사는 전쟁으로 파괴된 한국 난민을 구원하고, 그들의 희망·건강·자립을 지원하는 위대한 과업을 매우 성공적으로 도왔으며, 또한 이를 위해 따뜻한 이해심을 가지고 엄청난 능력을 발휘해 주셨습니다.

러스크 박사는 한국에서 연속적으로 두 가지 과업을 수행했습니다. 전쟁으로 수족이 절단된 많은 환자의 비극적인 고통을 조사했고, 그들이 사회에서 정상적 생활을 할 수 있도록 인공 수족을 제공하는데 필요한 방법과 계획을 개발했습니다.

그는 한국의 많은 보육원, 의지할 곳 없는 사람과 빈민을 위한 기관을 방문했으며, 그들에게 도움을 주고 미래의 희망을 제공하는데 필요한 기금을 모으는 일에 적극적인 리더십을 발휘했습니다.

넓은 파급효과를 가진 뉴욕타임스 사설을 통해서, 또한 한미재단의 이사장으로 헌신적인 노고를 통해서 러스크 박사는 미국 여론에 한국 국민이 필요한 것과 그들의 용감한 정신을 알렸습니다.

그의 봉사를 통해서 수백만 달러가 모금되어 세계 자유의 보루인 한국의 자유 수호를 위한 전투 중에 심각한 고통을 겪게 된 사람들을 돕는 데 기부되었습니다.

이 모든 그의 봉사와 사심 없는 헌신, 그리고 재능 있고 인도주의적인 러스크 박사 부인의 내조에 대한 감사의 표시로 대한민국은 명예롭게도 이 저명한 의사, 학자, 박애주의자인 하워드 러스크 박사에게 이승만 대통령이 서명한 훈장을 수여합니다."

양유찬 대사의 훈장 증서 낭독에 이어, 이승만 대통령은 러스크 이사장의 가슴에 훈장을 달아주며 말했다.

　　"이렇게 겸허한 자세로, 하워드 박사와 러스크 여사에게 한국 국민의 더할 나위 없는 감사의 마음을 담아 이 훈장을 수여하는 것을 영광으로 생각합니다."

러스크 이사장에게 훈장을 달아주는 이승만 대통령

러스크 이사장은 이 대통령과 참석자들에게 수상소감을 말했다.

"우리는 이 영광을 함께 나누겠습니다. 저와 제 아내, 그리고 우리는 모두 깊이 감동해서 초라함을 느끼고 있으며 감사할 따름입니다. 저는 이 훈장이 한국을 위해서 일한 모든 분의 것으로 알고 기꺼이 받겠습니다. 그리고 우리는 앞으로 남은 과제들을 위해서 다시 헌신하겠습니다."

이어서 러스크 이사장이 미국 성공회 호레이스 도네건Horace Donegan, 1900~1991 주교를 보며 말했다.

"오늘 이 모임의 마지막 축원 예배는 호레이스 도네건 주교님께서 집전해 주시겠습니다. 특히, 오늘 마지막 축도의 집전을 도네건 주교님께 의뢰한 것은 그럴만한 이유가 있습니다. 주교님은 한국인들에게 제공할 구호물자가 실린 첫 열차를 목격한 분이기 때문입니다. 그 열차는 지금 배에 실려 뉴욕항을 떠나 한국으로 가는 중입니다. 주교님, 축도를 집전해 주시죠."

한미재단이 주최한 역사적인 만찬회는 호레이스 도네건 주교의 축원 기도로 대단원의 막을 내렸다.

"하느님의 자비로운 은총과 보호에 우리를 맡기나이다. 당신께 주님의 성체의 빛이 비치고, 주님의 평화, 용서, 인도, 힘, 그리고 기쁨이 이 밤에 영원히 내리시기를 기원합니다. 아멘."

17

유엔 방문 및
트루먼 전 대통령과의 만남

이승만 대통령 내외,
트루먼 전 대통령 내외

17

유엔 방문 및
트루먼 전 대통령과의 만남

유엔 방문

이승만 대통령은 1954년 8월 3일 오전 11시 뉴욕 유엔본부를 방문, 함마르셸드Dag Hammarskjold, 1903~1961 사무총장의 영접을 받았다. 스웨덴 외교관이자 정치가인 함마르셸드는 1953년 유엔사무총장에 취임했으며, 1961년 콩고 내전을 조정하러 가다가 비행기 사고로 사망했다. 사후 그는 노벨평화상을 받았으며, 고 케네디 대통령은 그를 '우리 시대의 가장 위대한 외교관'이라고 칭송한 바 있다.

이 대통령은 함마르셸드 사무총장과 잠시 환담 후, 그의 안내로 새로 건축된 유엔본부의 중요시설을 시찰했다. 마침 한국 아동 구호를 위해 각국의 우표를 팔고 있는 한국 아동구호소에 들른 그는 우표책 몇 권을 산 후, 인근의 기도실에 들러 조국의 통일과 안녕을 위해 조용히 기도했다. 이어 소회의실에서의 외신기자회견에서 다음과 같이 말했다.

"우리는 유엔 회원국이 아닙니다. 소련이 우리가 회원국이 되는 것을 바라지 않기 때문입니다. 나는 한국이 유엔 회원국이 아니라고 불평하지는 않겠지만, 특정 국가가 유엔 가입을 원하는 국가를 거부권으로 방해하는 문제를 민주적으로 해결하기 위해 유엔헌장이 개정돼야 한다고 생각합니다.

국제연맹의 활동이 실패한 것은 세계가 정의와 법으로 평화를 달성하려고 강력하게 노력하지 않았기 때문입니다. 이런 사실을 거울삼아 지금은 그 어떤 대가를 치르더라도 평화를 달성하겠다는 생각보다는, 그 어떤 대가를 치르더라도 정의를 수호해야 한다는 마음가짐이 중요한 시점입니다."

뉴욕타임스 발행인 주최 오찬 간담회

이승만 대통령은 함마르셸드를 비롯한 간부들의 환송을 받으며 유엔본부 건물을 떠나, 뉴욕타임스 본사로 향했다. 뉴욕타임스 발행인 아서 헤이스 설즈버거Arthur Hays Sulzberger, 1891~1968로부터 오찬 초대를 받았기 때문이었다.

참고로 아서 헤이스 설즈버거는 1935년부터 1961년까지 뉴욕타임스 발행인을 역임하고, 1963년에 그의 아들 아서 옥스 설즈버거Arthur Ochs Sulzberger에게 발행인 자리를 넘겨줬다. 현재 뉴욕타임스 발행인은 아서 그레그 설즈버거Arthur Gregg Sulzberger이다.

미국 측에서 아서 헤이스 설즈버거 발행인을 비롯한 주요 간부가 참석한 1954년 8월 3일 오찬회의 주빈은 이승만 대통령이었고, 한국 측은 최순주 국회부의장, 갈홍기 공보처장, 양유찬 주미한국대사, 임병직 주유엔대사, 한표욱 주미한국대사관 정무공사가 참석했다.

오찬 후, 이 대통령은 뉴욕타임스 본사 건물을 시찰한 다음, 웹 앤드 냅Webb and Knapp라는 도시건축 전문회사를 방문했다. 1965년에 파산해 지금은 존재하지 않는 건축회사지만, 당시에는 뉴욕의 매디슨 스퀘어에 본사를 둔 유명한 회사였다.

이 대통령이 그곳을 방문한 것은 이 회사의 대표인 윌리엄 젝켄도르프William Zeckendorf, 1905~1976 때문이었다. 젝켄도르프는 비록 성사되지는 못했지만, 당시 우리나라에 100만 가구를 건축하겠다면서 이 대통령에게 회사 방문을 요청했고, 이날 저녁 이 대통령을 만찬회에 초대하기도 했다.

트루먼 전 대통령 사저 방문

1954년 8월 4일 오전 8시 30분, 이승만 대통령 일행은 월도르프 아스토리아 호텔을 출발해 뉴욕 라과디아 공항에 도착했다. 공항에서 간단한 환송 행사를 마친 대통령 일행은 미국 수송기를 타고 뉴욕을 떠나, 하오 12시 11분 시카고 미드웨이 공항에 도착했다. 일행은 공항에서 마틴 케널리Martin Kennelly, 1887~1961 시카고 시장을 비롯한 시카고 상공회의소 토머스 콜터 회장 등의 환영을 받았다.

특히 100여 명의 교민이 항공기 주변에 모여 애국가를 부르며 태극기를 흔들었다. 15명으로 구성된 중국인 자선협회 대표단도 환영 행사에 참석했다. 이 대통령은 모든 한인 동포와 일일이 악수하고, 리무진에 올라 드레이크 호텔로 향했다. 호텔에서 이 대통령은 시카고 기업인들과 오찬을 함께 했다.

8월 5일 오전 9시 56분, 이 대통령 일행은 미 공군기로 미주리주 캔자스시티에 도착했다. 트루먼 전 대통령을 만나 감사의 뜻을 표하기 위해서였다. 공항에는 미국 측 인사들 이외에 포트 리븐워스 소재 육군참모대학에 다니는 우리나라 장교단도 마중을 나왔다.

대통령 일행은 미국 국무부가 제공한 5대의 차량에 나눠타고 인근의 도시 인디펜던스로 출발했다. 그곳에서 요양 중인 트루먼을 만나기 위함이었다. 트루먼 내외도 흰색 저택의 현관 앞으로 나와 일행을 맞았다. 저택 앞 길거리에서 약 500명의 주민이 지켜보는 가운데 이 대통령은 트루먼에게 말했다.

"참으로 반갑습니다. 나는 귀하가 미군을 파병해 우리가 생존할 수 있도록 도와준 것을 기억하고 있습니다. 이 자리를 빌려서 위대한 결정을 해준 귀하에게 나와 한국 국민의 변치 않는 감사를 표합니다. 귀하의 결정은 우리 국민의 사기를 북돋아 줬고, 우리가 공산주의자들을 물리칠 수 있도록 해줬습니다. 한국인 모두가 이를 고마워하고 있으며, 귀하를 비롯한 미국 국민이 이러한 감사의 뜻을 알아주었으면 합니다."

트루먼의 저택 안에서 간단히 환담한 후, 밖으로 나온 이 대통령은 집 앞에 모인 군중들에게 큰 소리로 말했다.

> "공산주의자들이 이 세계를 자기네 통치하에 놓기 위해 밤낮없이 준동하고 있습니다. 공산주의자들이 오고 있습니다. 여러분은 마을에서, 학교에서, 교회에서, 그리고 심지어는 가정에서 그들과 투쟁해야 합니다."

이어서 이승만은 옆에 있는 트루먼에게 뼈있는 작별 인사를 건넸다.

> "나는 1950년 비 오는 날 깜깜한 새벽에 공산주의자들이 우리를 침략한 것을 결코 잊지 못합니다. 그때 나는 기도했고, 주님이 내 기도를 들어주실 것이라고 믿었습니다. 이 세상에는 싸우지 않고 공산주의자들을 몰아낼 방법은 없습니다. 부디 건강하세요."

이승만이 트루먼과 그의 집 앞에 모인 군중에게 "공산주의자들을 싸워서 몰아내야 한다."고 거듭 강조한 것은 트루먼에 대한 불만의 표출이었다. 즉 6·25전쟁을 진두지휘하던 맥아더 장군을 1951년 4월 11일 해임하여 본국으로 소환하고, 공산주의자들과의 전투에서 승리하는 것을 단념한 채 휴전 협상을 지시한 트루먼에 대한 노골적인 비판이었다.

18

로스앤젤레스
방문

로스앤젤레스 시의회
즉흥 연설

18
로스앤젤레스
방문

로스앤젤레스 도착, 교민단체 주최 만찬회

이승만 대통령은 트루먼 대통령 사저 방문 후, 캔자스시티 페어팩스 공항으로 이동하여, 1954년 8월 5일 정오 로스앤젤레스로 출발했다. 대통령과 일행을 태운 비행기는 미 서부 시간으로 8월 5일 오후 2시 로스엔젤레스 공항에 도착했다.

공항에는 찰스 노리스 폴슨Charles Norris Poulson, 1895~1982 로스앤젤레스 시장을 비롯하여 시 관계자들이 대기하고 있었다. 교민 300여 명도 태극기를 흔들고 '만세'를 부르며 대통령 내외를 환영했다.

이 대통령 내외는 폴슨 시장의 안내로 앰배서더 호텔에 투숙하여 여장을 풀었다. 이날 오후 6시, 대통령 내외와 일행은 교민단체인 로스앤젤레스동지회가 주최하는 만찬회에 참석하여 오랜만에 한국 음식을 맛보았다. 이 자리에서 이 대통령은 통일을 위한 투쟁을 촉구하는 격려사를 했다.

"이렇게 또다시 만나게 되니 무척 반갑습니다. 국내에서는 그 어려
운 중에도 온갖 혼란을 배제하고 한 덩어리가 되어 국토통일을 위
하여 투쟁하고 있습니다. 그러니 이곳의 여러분들도 해외에서 잘
협조해주시기 바랍니다."

로스앤젤레스 시의회 환영식 및 즉흥 연설

8월 6일 오전 10시, 로스앤젤레스 시의회가 주최하는 환영 행사
가 개최됐다. 존 깁슨John S. Gibson, 1902~1987 시의회 의장의 안
내로 행사장에 들어선 이 대통령은 깁슨 의장으로부터 '극동지역
자유세계의 챔피언'이란 문구가 적힌 기념증서를 받았다. 특히, 이
날 미국인들이 한국어로 애국가를 불렀는데, 얼마나 연습을 많이
했는지 우리말 발음이 정확했다.
　이에 크게 감동한 이 대통령은 깁슨 의장의 환영사에 이어, 예
정에 없던 즉흥 연설을 시작했다.

로스앤젤레스 시의회 환영식 즉흥 연설 전문

1954.8.6.

깁슨 시의회 의장 내외분, 시의회 의원 및 공무원 여러분, 그리고 귀빈 여러분!

우리가 미국에 온 지 1주일이 조금 지났습니다만, 이번에 우리는 내가 40년간 이 나라에 체류하면서 경험했던 것보다 더욱 놀라운 것들을 목격했습니다. 놀라운 것 중의 하나는 한국의 애국가를 부르는 것입니다.

미국에 잠시 머무는 동안, 나는 여러 곳에서 한국의 애국가가 성악과 기악으로 연주되는 것을 들었습니다. 그러나 그 어느 곳에서도 한국어로 부르는 것을 듣지 못했습니다.

그런데 지금 이곳에서 나는 노래 부르는 사람의 얼굴을 보지 않고는 한국 사람인지 아닌지 알 수 없을 정도로 미국인들이 애국가를 단어 하나하나 정확하게 발음하는 것을 들을 수 있었습니다. 훌륭합니다! 잘 기억해 뒀다가 우리 국민에게 얘기해 주겠습니다. 내 얘기를 듣고 우리 국민은 정말 감동할 것입니다.

이렇게 아름다운 마음의 선물을 제공해주신 로스앤젤레스 시의회 깁슨 의장님께 감사를 표하고자 합니다. 이런 훌륭한 선물은 현재 우리 모두가 추구하는 공동의 대의에 여러분이 어떤 마음가짐으로 참여하는지를 잘 보여 주고 있습니다.

우리는 워싱턴으로부터 뉴욕, 시카고, 미주리주의 인디펜던스를 경유하여, 한국으로 돌아가기 위해서 이곳에 왔습니다.

나를 특히 감동케 하고 고무시킨 것이 또 있습니다. 어디를 가든지 미국인들이 남녀노소를 불문하고 내가 지나갈 것으로 예상되는 거리

245

에 모여든 것입니다. 모두가 나를 기다려 주었고, 자발적이고 진실한 마음으로 나를 환영해 주었습니다.

나는 외국의 많은 대통령, 왕자, 실권자들이 미국을 방문하는 것을 보아 왔습니다. 그러나 이 위대한 미국인들이 내게 보여 준 것과 같은 자발적인 우정과 온정을 베풀어주는 것을 본 적이 없습니다.

나는 이러한 환영이 나를 위한 것이 아니라, 위대한 대한민국 국민에 대한 것이라고 확신합니다. 나는 이렇게 분에 넘치는 찬사를 받을 만한 위인이 못 된다는 것을 잘 압니다.

미국인들이 전례 없이 깨닫고 있는 매우 중요한 것이 있습니다. 그것은 바로 인간의 자유를 억압하는 적, 공산주의의 위험에 대한 깨달음입니다. 나는 여러분의 그러한 깨달음에 감사하며, 이제 전에 없이 강한 결의와 한껏 고무된 용기를 안고 조국으로 돌아갑니다.

우리 모두가 알다시피, 전쟁은 악입니다. 우리는 평화를 사랑하는 사람들입니다. 미국인인 여러분과 한국인인 우리는 평화를 사랑한다는 점에서 같습니다. 우리는 모두 전쟁에 반대하며, 세계평화를 이루기 위해 노력합니다. 그러나 전쟁의 공포보다도 더 끔찍하고 무서운 것이 있습니다.

미국에 사는 여러분은 자유의 축복을 만끽하고 있습니다. 그런데 여러분 중에서 어떤 분들은 이러한 축복의 가치를 잘 모를 수도 있습니다. 그 분들은 그 축복을 그저 당연한 것으로 간주합니다.

그러나 여러분이 20세기 초 일본의 끔찍한 식민 통치 아래 있었던 한국처럼 다른 나라에 가보면, 품위 없는 단어를 써서 죄송하지만, 실로 지옥이라고 느낄 것입니다.

40년 동안 그곳에 살면서 많은 사람이 죽거나 살해당했고, 또 다른 사람들은 고문당하고 박해받았습니다. 그들은 독립하지 않은 나라는 국가가 아니라는 사실을 깨닫게 됐습니다. 또한 자유가 없는 국민은 죽은 것이며, 오히려 죽음보다 더 나쁜 상태라는 사실을 깨달았습니다. 그들은 이를 알았고, 몸소 경험했습니다. 그래서 그들은 저항하려고 노력했습니다.

나는 모든 공산주의자가 소련을 자기의 조국이라고 말한다는 것을 압니다. 그러므로 어떤 사람이 공산주의자가 되면, 더 이상 한국인, 중국인, 미국인이 아닙니다. 또한 다른 나라의 국적을 가진 것도 아닙니다. 그는 철저한 공산주의자이며, 그것이 전부입니다. 그는 더 이상 여러분의 형제도 자매도 아닙니다. 그는 더 이상 여러분과 같은 국적을 가진 사람이 아니며, 여러분의 친구도, 국민도 아닙니다.

우리 국민은 공산주의냐 민주주의냐에 대한 확고한 입장을 갖고 있습니다. 현재 몇몇 유럽 국가가 주장하는 것과 같은 공존은 없습니다. 여러분, 천연두나 끔찍한 전염병과 어떻게 같이 산다는 말입니까? 나는 공산주의가 이 시대에 전 세계에서 가장 나쁜 전염병이라고 생각합니다.

그래서 한국인들은 공산주의와 공존할 수 없다고 확신하고 있습니다. 반은 공산주의자이고, 반은 민주주의자인 사람은 없습니다. 동시에 반은 공산주의 나라이고, 반은 민주주의 나라도 없습니다.

공산주의자들은 한반도가 가장 취약하고, 공격받기 쉬운 전선이라는 것을 알았습니다. 1950년 어둡고 비 오는 새벽, 공산주의자들은 러시아 탱크와 중포重砲로 무장하고 남한 지역으로 밀고 내려왔습니다.

우리는 준비되지 않았고, 알지도 못했습니다. 우리는 경악했습니다. 저항할 수단이 없었고, 그 어떤 무기도 없었습니다. 그러나 우리의 젊은이들은, 심지어 젊은 여성들까지도, 내게 와서 울면서 말했습니다.

247

"소총을 주세요, 무기를 주세요, 싸울 도구를 주세요."

우리는 그러한 것들을 생산할 수 없었기에 적들의 손아귀에 놓였습니다. 그런 끔찍한 고뇌의 순간에 우리는 라디오 방송을 통해 호소했습니다. "미국 친구들이여, 와서 우리를 도와주시오." 우리는 누군가가 이를 듣고 도와줄 것으로 기대하지 않았습니다. 그러나 우리가 믿었던 기도가 효험이 있었던지, 어디선가 그 기도를 듣고 응답해 주었습니다.

어제 오후에 시카고에서 이곳으로 오는 길에 나는 미주리주의 인디펜던스에 들렀습니다. 그곳에서 트루먼 전 대통령 내외가 우리를 따뜻하게 맞아 주었고, 우리는 오랫동안 내 마음속에 담아 두었던 솔직한 대화를 나눴습니다.

나는 우리가 위기에 처했을 때 미국인들이 했던 일에 대해서 나와 한국 국민이 느끼고 있는 감사의 뜻을 전달했습니다.

6·25전쟁이 발발하자, 트루먼 대통령은 중대한 결단을 내렸습니다. 그리고 유엔은 그의 지도력에 호응해서 많은 군인과 물자를 항공편으로 보내 주었습니다. 첫 미군 부대가 상륙한 곳은 한반도 남쪽 끝인 부산이었습니다. 그들은 한국인들에게 용기를 주고, 영감을 불러일으켰으며, 생기를 북돋웠습니다. 얼마나 큰 기쁨이었는지 모릅니다! 우리 국민 모두는 정말 가슴 찡한 경험을 했습니다!

그때부터 지금까지 공산주의자들은 우리를 더 이상 남쪽의 바닷속으로 밀어 넣을 수 없게 되었습니다. 우리는 여러분에게, 여러분의 아들들에게 신세를 지고 있습니다. 그들은 아시아의 일부인 작은 지역에서 민주주의라는 대의를 구해내는 데 도움을 주러 왔던 것입니다.

여러분의 아들들은 우리와 유엔의 젊은이들과 함께 고통을 겪고, 전투하고, 피를 흘렸습니다. 그리고 이제 공산주의자들에게 그들이 생각했던 대로 쉽게 민주주의를 패배시킬 수 없다는 사실을 명백히 알려줬습니다. 우리는 북진하여, 중공군도 몰아내기를 바랐습니다.

사실상 우리 젊은이들은 한반도와 만주를 가르는 국경인 압록강까지 적을 밀어붙였습니다. 그러나 우리는 후퇴했습니다. "멈춰라. 더 이상 가지 말라."는 지시를 받았기 때문입니다. 왜 그랬을까요? 예, 그것은 제3차 세계대전이 일어날 수 있다는 이유에서였습니다. 물론, 한국전쟁이 우리를 제3차 세계대전으로 내몰았다면, 그것은 끔찍한 일이 될 수도 있었을 것입니다.

그러나 우리와 유엔군은 모두가 북진하여 두만강과 압록강까지 진군하기로 합의했고, 그렇게 할 준비가 되어 있었습니다. 두 개의 강은 한반도와 만주를 가로지르고 있고, 가장 유리한 국경을 형성하고 있으므로 우리는 그곳으로부터 적들을 쉽게 축출할 수 있었습니다.

현재의 전선은 한반도를 관통하고 있으며, 서울에서 가까운 곳에 있습니다. 이곳은 공산주의자들의 남침을 막기에는 위험한 장소입니다. 그러나 우리는 속수무책이었습니다.

우리는 북진할 준비가 되어 있었지만, 유엔은 중국 공산주의자들과의 전투를 더 이상 바라지 않았습니다. 우리는 홀로 진격하기로 작정하고 작전을 개시하려고 했습니다. 그러나 모든 휘발유 통이 잠겨 있었고, 탄약은 단지 3일 동안 사용할 만큼밖에 없었습니다.

이러한 상황에서 우리가 자살을 시도할 수는 없었습니다. 그래서 교착 상태에서 전선을 지키기 위해 노력하는 중입니다. 이것이 오늘 우리가 당면하고 있는 현실입니다.

햇수로 4년 동안의 전쟁에서 단지 1년만 전면전을 벌였고, 3년간은 대화로 허비했습니다. 그동안 남북한 양쪽에서 수많은 무고한 생명을 잃었습니다.

나는 더 이상 얘기하지 않겠습니다. 여러분에게 내가 하고픈 얘기는 공산 침략자들에 대항해서 싸우는 한국을 돕기 위해 자식과 남편들을 한국에 보내 준 여러분과 여러분의 어머니들에게 우리 국민이 감사해하고 있다는 사실입니다.

로스앤젤레스의 어디를 가나 미국인들이 내 손을 잡고는 "나는 한국에 2년 있었다.", "3년 있었다.", "1년 반 있었다.", "4년 있었다."라는 말들을 합니다. 나는 로스앤젤레스에서 어느 대령을 만났습니다. 그는 다리를 다쳐서 목발을 하고 있었습니다.

그 누구도 그 어떤 불평도 하지 않는 것 같습니다. 그들이 아는 것은 고귀한 대의를 위해서 싸우고 피를 흘렸으며, 그들의 의무를 다했다는 것이 전부입니다. 미국 국민과 자유국가의 국민은 그들의 의무를 용감하고 고귀하게 해냈습니다.

나는 미국인들이 행한 또 다른 것을 지적하고 싶습니다. 그들은 단지 공산주의자들과 싸우는 한국인들을 도왔을 뿐만 아니라, 감투 정신이 투철한 한국의 젊은이들을 모아서 훈련했습니다.

밴 플리트 장군은 바로 이러한 일을 시작한 분입니다. 그는 한국의 젊은이들을 훈련하고, 무장시켰습니다. 그리고 몇 주 내에 그들은 전선에 투입됐습니다. 그들이 바로 여태껏 전투해 온 한국군 장병들이며, 현재 동양에서 가장 막강한 반공 군대입니다.

우리는 미국 정부에 국방력 증강을 요청하고 있습니다. 전선을 지킬 충분한 병력을 우리가 갖춘다면, 여러분의 자식들이나 남편들이 더 이상 전투를 위해서 한국에 갈 필요가 없을 것입니다. 우리 한국인들이 우리 전선을 방어하고, 아시아 지역의 전선을 강화하며, 여러분을 더 안전하게 하고, 평화를 누리게 하기 위한 책임을 짊어질 것입니다.

트루먼 전 대통령이 미국의 젊은이들을 한국에 보낼 결정을 했을 때, 미군 병사들은 하룻밤 사이에 파병되었습니다. 끔찍이도 다급한 상황이었습니다. 공산주의자들이 우리를 바다 한가운데로 몰아넣으려고 했기 때문입니다. 미군 병사들은 산악 지역에 상륙했고, 춥고 얼어붙는 기후에서 싸웠습니다.

그들은 몰랐습니다. 아무도 그들에게 무엇을 위해서 싸우고 있는지 설명해 주지 않았습니다. 장교들은 그들에게 말했습니다. 만약 너희들이 이곳에서 지금 싸우지 않으면, 언젠가는 너희의 뒤뜰에서 전투를 벌여야 한다고 말입니다. 그러자 그들은 더 이상 질문하지 않았습니다. 그들은 용감하게 싸웠고, 공산주의자들이 남쪽으로 더 이상 진군하는 것을 막았습니다.

나는 감사한 마음으로 여러분에게 호소합니다. 우리 스스로 할 수 있도록 도와주십시오. 여러분의 젊은이들이 더 이상 한국에서 고생하고 피 흘리는 것을 우리는 바라지 않습니다. 미국인들에 대한 우리의 감사는 영원할 것입니다. 우리 스스로 지킬 수 있도록 도움을 주시기 바랍니다. 이것이 우리의 진정한 호소입니다.

나는 미국 젊은이들이 결코 다시 한국에 올 필요가 없도록 한국의 국방력을 증강하는 데 도움이 되는 방법을 아이젠하워 대통령이 강구하고 있을 것으로 확신합니다. 그러면 여러분에게 행복한 날이 될 것입니다.

그때 우리 국민은 우리나라를 방위할 책임을 지게 될 것입니다. 그리고 바라건대 미국이 다른 아시아 국가들이 자주국방을 위해서 자국 군대를 훈련하고 증강하는 데 도움을 주었으면 합니다. 그러면 우리는 적들을 지금 머무는 장소에 잡아 둘 수 있으며, 그들은 여러분에게 더 이상 가까이 올 기회를 얻지 못할 것이라고 나는 생각합니다.

로스앤젤레스
세계정세협회 오찬회

World Affairs Council
HONORING
President of Korea
, LOS ANGELES
, 1954

이 승만 대통령이 로스앤젤레스에서 가진 두 번째 공식 일정은 세계정세협회World Affairs Council가 주최한 오찬회에 참석하는 것이었다. 세계정세협회는 미국 시민들에게 국제정세와 글로벌 이슈에 대해 일깨워주고 교육할 목적으로 지역별로 조직한 당파를 초월한 조직이다. 1918년 창설됐으며, 현재도 미국 40주에서 93개 협회가 활동 중이다

1954년 8월 6일 정오 빌트모어 호텔에서 개최된 행사에는 1,000명이나 참석하여 성황을 이뤘다. 이 대통령에게는 뉴욕의 한 미재단 오찬회만큼 성대하고 의미 있는 행사였다.

오찬회가 시작되자, 존 어윈John Erwin, 1909~1995 로스앤젤레스 부시장이 참석자들에게 이 대통령을 다음과 같이 소개했다.

"우리의 국경 안팎에서 미국을 비판하는 사람들은 흔히 우리가 사생활이나 국민적 생활에 영향을 미치는 일을 할 때 너무 이상적이라고 주장합니다. 우리가 순진하게도 미국 젊은이들 마음속에 신과 국가와 자유를 향한 정열적인 사랑을 주입한다고 말합니다. 이들은 또한 원칙이란 유치한 환영이며, 진리란 확인할 수 없거나 개인적 해석이 만들어 놓은 결과물에 지나지 않는다는 그릇된 논거를 내세웁니다.

그러나 우리는 압니다. 도덕이 결여된 국민은 타락한 국민이며, 신념이 흔들리고 원칙을 세우지 못하는 나라는 불운한 국가라는 사실을 말입니다. 또한 진리의 존재를 부정하고 지속적인 탐구를 포기하는 국민은 지도나 나침반 없이 방황하는 탐험가와 같다는

사실도 우리는 알고 있습니다.

우리는 신, 조국, 또는 이웃을 위해 용감하게 투쟁하다가 죽어간 사람들의 행위를 찾아내고 반복해 소개하곤 합니다. 이런 남녀들의 삶을 연구해서 우리가 진정으로 표방해야 할 성품과 행위를 찾아내기도 합니다. 즉 고통을 감내해야 할 만큼 옳은 것은 무엇인지, 투쟁할 가치가 있는 것이 무엇인지, 그리고 무엇보다 인내할 가치가 있는 것이 무엇인지를 진지하게 밝혀내려 합니다. 이렇게 역사상 위대한 인물들에서 발견되는 미덕을 이 나라 젊은이에게 일깨우고 심어주고자 하는 것입니다.

사정은 이렇지만, 우리가 실제로 칭찬하는 사람들은 흔히 과거의 인물들이므로 시간 장막에 의해 그들 행위는 빛이 바랬습니다. 그런데 오늘 우리가 이 자리에 모여 일관된 비전, 강인한 목표 의식, 살아 있는 용기의 화신이라고 부를 수 있는 분에게 찬사를 보내는 것은 우리에게 보기 드문 특권입니다. 그분은 또한 자신의 비전·목적·용기를 자국민에게도 간곡히 권고하고 모범을 보임으로써 충분히 전수했습니다.

이 모임에 참석한 많은 분이 태어나기도 전에 이승만 대통령은 조국의 해방과 자유를 주장했습니다. 그에 대한 벌로 그분은 신체적으로나 정신적으로 혹독한 고문을 겪고도 살아남았습니다. 이후 5년 7개월 동안 감옥생활을 했습니다. 수감생활 중 그는 유년 시절 그를 가르쳤던 감리교 목사들의 방문과 보살핌에 감동하여 기독교로 개종했습니다.

1904년 석방된 그분은 미국으로 와서 6년간 대학에서 높은 수준의 교육을 받았습니다. 그리고 고향으로 돌아가서 미국에 망명하기 전까지 어쩔 수 없이 조국의 자유라는 대의를 위해 지하에서 활동했습니다. 망명 생활은 33년이나 됐습니다. 그 기간 중, 그분은 조국의 해방을 위해 헌신했습니다. 당시 그분의 활동이 얼마나 효과적이었는지는 일제가 그분의 목에 걸었던 30만 달러의 현상금으로 증명됩니다.

그분은 망명 기간 중 대한민국 임시정부의 대통령직을 맡았으며, 제2차 세계대전 종료 후에 대한민국 대통령이 되었는데, 이는 반세기 동안 조국의 해방이라는 목표를 위해 노력한 데 따른 당연한 결과였습니다. 그렇게 오랜 투쟁 경력은 우리 같은 국가에서 최대의 찬사와 존경을 받지 않을 수 없습니다. 앞에서 언급했듯이 미국은 이상과 원칙을 중시하고, 이런 가치들을 용감하게 주장하는 사람들이 사는 나라입니다.

미국은 대한민국의 용감한 군인들과 어깨를 나란히 하고, 공산주의자들에게 대항해 싸운 친척과 친구들을 가진 나라입니다. 그들로부터 우리는 대한의 용사들, 나아가 대한민국 국민의 신념·용기·용맹·근면 등에 관한 수많은 이야기를 들었습니다. 이는 이승만 대통령의 모범적인 생애가 한국에서 자랑스러운 본보기가 됐다는 사실을 증명하는 것입니다.

이승만 대통령님! 당신의 삶·신념·고통 그리고 불굴의 인내심은 대한민국 국민의 마음속에 자유와 해방을 위한 이글이글 타는 욕망의 불길을 밝혔으며, 그 불길이 살아 있도록 만들었습니다. 조지 워싱턴이 미국에 특별한 존재였고, 앞으로 그러한 존재로 남게 될 것처럼, 미구엘 히달고 신부가 멕시코에서 각별한 추억을 불러일으키듯이, 시몬 볼리바가 남미인들의 마음을 흔드는 힘을 갖는 것처럼 당신은 어제, 오늘 그리고 영원한 내일까지 조국이 항상 주위로 모여드는 자유의 자석이었고, 그러한 역할은 계속될 것입니다.

이는 온 자유세계가 진정으로 크게 기뻐하고 감사해야만 한다
고 나는 확신합니다. 우리는 귀하를 통해 대한민국의 모든 용감한
국민에게 인사의 말씀을 전합니다. 귀하가 국민을 위해 계속 봉사
하는 동안, 귀하 자신과 부인께 건강과 행복이 함께하기를 기원합
니다."

어윈 부시장의 소개를 받은 이 대통령은 12시 30분, 감격 어린 표
정으로 연설을 시작했다.

로스앤젤레스 세계정세협회 연설 전문

1954.8.6.

서해안으로 돌아오게 되어 기쁩니다. 여러분은 캘리포니아로부터 아
시아 쪽을 바라보고 있으니, 아시아에서 진행되는 일에 관심이 있을
것으로 생각합니다.

여러분의 많은 아들이 태평양전쟁에서 일본을 상대로 싸웠고, 공
산주의자들에 대항해서 한국을 방위하기 위해서는 더 많은 아들이
소집되었습니다.

달리 말하자면, 여러분은 극동의 평화가 자신과 가족, 그리고 이
풍요한 땅의 복지를 위하여 중요한 것이라는 사실을 잘 알고 계실 것
입니다.

나는 50년 전에 여러 가지를 배우고자 미국으로 건너왔었습니다.
그러나 오늘은 단지 한 가지만을 알아보기 위해서 이곳에 다시 왔습
니다.

세계를 정복해서 국가가 통제하는 절대주의와 개인의 노예화라는 모습으로 국가를 개조하는 일에 착수한 자들에 대해서 우리는 무엇을 할 것인가? 그들과 함께 평화로이 살아가려고 노력할 것인가? 만일 그렇다면 어떻게 할 것인가? 그들에게 항복할 것인가? 또는 그들이 우리를 공격할 때마다 필사적으로 싸울 것인가?

이러한 것들은 매우 중요한 질문이며, 나는 이런 질문에 대해 어떤 대답을 하느냐에 세계의 운명이 좌우된다고 봅니다.

40년 전에는 볼셰비즘이 유럽, 아시아, 미주에서 금기시된 왕따였습니다. 그 이유는 지극히 명백했습니다. 볼셰비키주의자들은 전 세계에 유포한 선전에서 민주주의를 파괴하고 국제혁명을 통해서 세계를 정복하여 지구를 에워싸는 소비에트 제국을 건설하려는 계획을 대담하게 선언했기 때문입니다.

그 당시 우리는 모두 이를 비웃었으며, 심지어 볼셰비키주의자들을 상류사회로부터 떼어 놓는 조치를 하기도 했습니다. 그러나 아무도 그들의 위협을 심각한 것으로 생각하지 않았기 때문에 그다지 크게 걱정하지 않았습니다.

그런데 오늘날 우리의 처지는 어떻습니까? 우리는 모두가 알고 있습니다. 벌써 얼마나 많은 자유국가가 위성국가로 되어 철의 장막과 죽의 장막 뒤로 사라져 버렸는지를! 다른 자유국가, 특히 유럽에 있는 나라들은 현재도 공산주의자들의 수중으로 넘어가고 있으며, 어떤 국가들은 그런 사실을 깨닫지도 못한 채 그렇게 되고 있습니다.

아시아를 보자면, 중국은 어떠합니까? 얼마 전만 해도 중국은 활발하게 공산주의자들과 싸우고 있던 나라입니다. 미국은 그 전투를 돕기 위해서 수십억 달러의 군수품 및 기타 물자를 제공했습니다.

그러나 그것은 충분하지 않았습니다. 그 당시 중국 공산주의자들을 기껏해야 토지개혁을 추구하는 토지 균분론자로 간주했던 사람들은 이제 적색 침략자들의 함정에 빠져 버린 6억 명이나 되는 중국인의 재앙을 직시해야만 합니다.

북한은 공산주의자들의 수중에 놓여 있으며, 인도차이나 일부가 새로 공산 측으로 넘어갔습니다. 공산주의자들이 획득한 이들 2개 지역은 아시아 자유국가들의 심장을 찌를 태세를 갖춘 비수와 같은 모습입니다.

대한민국이 위협을 당하고 있습니다. 태국, 말레이반도, 버마, 필리핀, 일본도 마찬가지입니다. 인도네시아는 외부와 내부로부터 중대한 위험에 처해 있습니다. 세계 제2의 인구를 가졌으며 역사적으로 오래된 인도는 자유세계를 등지고 공산주의자들과 보조를 같이하고 있으며, 이미 우리에게서 떠난 나라로 보입니다.

중남미도 이미 공공연하게 위협을 받아 왔습니다. 그렇습니다. 심지어 신대륙에도 적색 정권이 하나 있었습니다.

나의 친구들이여, 이것이 진보입니까? 이것이 성공입니까? 나는 그렇게 생각하지 않으며, 또한 여러분도 그렇지 않을 것이라고 믿습니다. 우리가 평화를 말하는 동안에 공산주의자들은 세계를 얻고 있습니다. 지도를 보세요. 적색과 핑크색이 지배적입니다.

우리 측에는 평화론자들이 많습니다. 어떤 사람은 공산주의에 대해 무관심하고, 어떤 사람은 안심하고 있으며, 또 어떤 사람은 평화를 조성하기 위해 노골적으로 매진하고 있습니다. 그러나 이들 모두는 만일 우리가 진실로 싸움을 원하지 않고 있음을 소련에게 이해시키면 평화를 가질 수 있다고 확신하고 있습니다.

공산주의자들과 더 오래 평화를 논의하면 할수록, 점점 더 깊이 붉은 정복의 진흙 구덩이로 빠져들게 된다는 사실을 그들에게 증명해 주는 것이 극히 어려워 보입니다. 평화조정자들은 말합니다. "우리는 제 3차 세계대전은 피했으므로 수백만의 생명을 구하고 무한한 파괴를 모면했다." 정말 그렇습니까? 진정 우리가 평화를 누리고 있습니까? 나는 그 어떤 증거도 발견할 수 없습니다.

성경 말씀에 이런 구절이 있습니다. "화평케 하는 자는 복이 있나니." 만일 평화조정자들이 우리에게 평화를 가져다준다면, 나 역시 그들을 축복하겠습니다. 그러나 그들은 평화를 가져다주지 않습니다. 사실, 그들은 전혀 진정한 평화조정자들이 아닙니다. 오히려 싸우기보다 유화나 항복을 선택하려는 자들입니다. 거기에는 큰 차이가 있습니다.

한반도에서의 잠정적 휴전이 진정한 평화입니까? 결코 아닙니다. 그것은 공산주의자들이 다음의 맹공격을 준비하기 위해서 바라는 휴식 기간에 지나지 않습니다.

공산주의는 스스로 평화조정자라고 주장하지만, 공산주의의 평화는 총검의 평화입니다. 그런데 총검의 평화가 조금씩 정복을 통해서 전 세계로 퍼져가고 있습니다. 자유국가가 하나씩 하나씩 사라짐으로써 공산주의자들은 점점 더 대담해지고 있습니다. 그들은 미국이 전쟁을 두려워해서 싸우지 않을 것이라고 믿기 때문에 이미 전 세계를 사실상 자기네 것으로 생각하고 있습니다.

전향자轉向者들이 공산 진영으로 흘러 들어가고 있습니다. 공산 진영은 잘 조직되어 있으며, 자기편의 거대한 부대가 어디로 가는지 알고 있습니다. 전에는 미국의 자유에 마음이 끌리면서도 소련의 힘에 겁을 먹어 형세만 관망하고 있던 국가들이 황급히 발걸음을 재촉하여 공산 측에 줄을 서는 것은 조금도 놀라운 일이 아닙니다.

이 같은 현실에 직면하고도 미국은 아직 홀로 존재할 수 있으며, 제

3차 세계대전을 피할 수 있다고 믿을 수 있습니까? 세계대전은 어디에서 비롯되겠습니까? 틀림없이 평화를 바라고 애호하는 자들로부터가 아니라, 세력 확장을 추구하여 다른 나라의 주민, 자원, 영토를 탐하는 자들로부터 비롯될 것입니다.

전쟁도발자들은 약탈에 의한 이득이 계속되는 한 야욕을 중단하지 않을 것입니다. 공산주의는 이득을 얻고 있습니다. 즉 전쟁으로 큰 돈벌이를 하고 있답니다. 그런데 왜 공산주의자들이 중단하겠습니까? 그들에게는 도덕도, 이상도, 공정성도, 정의도 없습니다. 그들을 중지시키기 위해서 우리가 단결할 때까지는 결코 그들은 중단하지 않을 것입니다.

자유민주주의 공동체에서 우리는 모두 정의가 실현되기를 바라고 있습니다. 우리는 범죄자를 체포하여 재판정으로 데려갈 정직한 경찰이 필요합니다. 이것이 악행을 단념케 하고, 악행 추구에 집착하는 자들을 처벌하는 유일한 방법입니다. 이것이 우리 재산과 우리 국민을 안전하게 지킬 수 있는 유일한 방법입니다.

마찬가지로 또 하나의 세계대전에 대한 공포와 실제 발발 가능성을 없애는 방법은 그 어떤 대가를 치르더라도 유화, 타협, 평화를 모색하는 것이 아닙니다. 그 대신, 국제범죄자들에 대해 정의로운 분노를 느끼고, 그들의 처벌을 위한 거룩한 전쟁을 일으켜서 순수하고 진정으로 평화를 사랑하는 사람들에 대한 공격을 계속할 수 없도록 하는 것입니다.

이 지구상에서 국제적인 깡패 행위를 중지시키고 추방해야 한다고 단호하게 주장하는 전 세계의 남녀는 뭉쳐야 합니다. 그러나 부드러운 호소로는 안 됩니다. 공산주의 범죄자들은 그런 호소를 듣지 않을 것이기 때문입니다.

무기에 호소해야 합니다. 법을 지키며 평화로운 세계 국민으로 살려고 하지 않는 자들에 대해서 무기를 사용할 것이라는 명백한 의지를 표명해야 합니다. 혹자는 우리를 전쟁광이라고 부를 것입니다. 우리는 그렇지 않다는 것을 알고 있습니다. 그러나 만일 싸움을 해야만 한다면, 우리는 평화를 위해서 싸워야 할 것이고, 이를 결코 수치스럽게 생각해서도 안 될 것입니다.

오히려 가만히 두면 틀림없이 우리와 우리가 믿는 것을 모두 파괴할 자들에 대항해서 우리가 맞서 싸울 용기를 가진 데 대해 자부심을 느껴야 할 것입니다. 만일 우리가 민주주의와 인류의 자유를 구하려고 한다면, 전쟁을 포함해서 필요한 모든 수단을 이용해야만 합니다.

실로 전쟁은 가공할 일입니다. 나는 그것을 잘 압니다. 여러분의 대다수도 잘 알 것입니다. 우리는 모두 지구 표면에서 전쟁을 소멸시키기 위해 힘이 닿는 한 모든 노력을 다해야 할 것입니다. 그러나 인간에게는 생명보다 더 귀중한 것들이 있습니다. 자유 없이 살아 본 경험이 있는 사람은 여러분이 누리는 자유의 가치를 압니다.

여러분은 한국인을 공산주의에 대항해 싸우는데 용감무쌍한 국민이라고 말할 수 있으며, 그들을 동맹국으로 갖게 된 것을 자랑으로 삼아도 좋습니다. 하지만 50년 전에는 한국인의 용기를 아는 사람이 거의 없었습니다. 한국 남녀가 공산주의자들에게 항복하기보다는 차라리 최후의 1인까지 싸울 의지를 갖게 만든 것은 무엇이겠습니까?

나의 친구들이여, 한국인의 용감성은 수십 년 동안 일본제국주의자들의 노예로 끔찍한 삶을 살면서 담금질 된 것입니다. 한국인들은 자유 없이는 목숨도 자기 것이 아님을 이해하게 되었습니다. 자유가 없는 삶은 죽음보다도 못한 것입니다. 그들은 자유로이 살 수 없다면, 기꺼이 죽으려고 합니다. 40년간의 경험이 한국 국민을 변화시킨 것입니다.

오늘날 모든 한국인은 조국을 방어할 준비가 되었습니다. 남녀노소를 막론하고 한국인은 모두 패트릭 헨리의 말처럼, "자유가 아니면 죽음을 달라"고 외치고 있습니다.

친애하는 미국 친구들이여!

여러분의 신성한 유산—자유의 축복—을 지키는 데 그 어떤 위험도 주저하지 마시오. 여러분의 나라를 탄생케 하고, 세계 최강의 나라로 만든 사람들을 기억하시오.

조지 워싱턴은 싸우기를 두려워하지 않았으며, 그를 비롯한 미국 건국의 아버지들은 투쟁의 의지로 미국의 독립을 쟁취했습니다. 링컨도 싸움을 두려워하지 않았습니다. 그는 싸움으로 여러분의 나라를 구했습니다—비록 그리스도 이후 가장 위대한 평화 신봉자 중 한 분이었지만 말입니다. 윌슨 역시 평화적 인물이었지만, 여러분이 신봉하고 있는 모든 가치를 보존하기 위하여 여러분을 전쟁으로 인도했습니다.

미국 국민인 여러분은 평화를 사랑하지만, 싸워야만 할 때는 두려워하지 않습니다. 여러분의 대의는 언제나 정당했고, 여러분은 항상 정의와 자유의 편이었습니다. 또한 그것은 비록 희생은 컸어도 여러분이 항상 승리했던 이유입니다.

나는 미국이 우리 시대의 위기를 점차 깨달아 가고 있으며, 위기에 대처하기 위해서 무언가 하겠다는 결의를 점점 강하게 다지고 있음을 느낄 수 있습니다. 나는 매우 낙관적인 기분과 새로운 용기를 갖고 한국으로 돌아갈 것입니다.

아시다시피, 어떤 사람들은 전쟁이 아무것도 해결하지 못하며, 전쟁은 전쟁을 낳는다고 말합니다. 그러나 나는 그 말에 동의할 수 없습니다. 미국 독립전쟁은 중대한 일을 해결했습니다. 그것은 여러분에게 압제로부터 자유를 가져다주었으며, 여러분이 세계 최강의 국가를 건설할 수 있도록 해 주었습니다.

남북전쟁 또한 중대한 일을 해결했습니다. 그것은 미국 연방을 보전하게 했고, 노예제도를 일소했으며, 또한 민주주의의 기초를 더욱 공고히 하는 데 엄청난 자극을 주었습니다.

미국인들은 민주주의 원칙이라는 대의를 수호하기 위해서 유럽과 아시아에서 두 차례나 세계대전을 치렀습니다. 그리하여 실제로 민주주의를 수호하고, 보전했습니다.

민주주의가 다시 위기에 놓여 있는 이 순간, 역사상 두 차례의 중요한 시기에 여러분이 민주주의를 보전하기 위해 이룩한 기여를 잊을 수 없습니다. 민주주의는 1914~1918년 사이, 혹은 1939~1945년 사이에 소멸할 뻔했습니다. 그러나 소멸하지 않고, 우리가 아직도 그것을 수호하고 있다는 사실은 누가 뭐래도 여러분의 공적입니다.

제1차 세계대전과 제2차 세계대전의 지도자들이 자유와 민주주의에 관해서 그들이 말한 것을 모두 이행하려고 했는지 나는 알지 못합니다. 그러나 나는 확실히 압니다. 두 전쟁에서 싸운 수백만의 여러분의 자녀들은 무엇이 최고의 가치인지를 이해하고 있었다는 사실을 말입니다.

한국에서 싸운 용사들 역시 그러했습니다. 그들은 여러분의 생활방식을 보존하고, 아름다운 미국 해안으로 전쟁이 번지지 않도록 하려고 싸웠던 것입니다. 그들은 아주 용감하게 싸웠으며, 한국은 여러분처럼 그들을 자랑스럽게 생각합니다. 생존한 사람이나 영웅적으로 죽어 간 사람이나 모두가 우리 마음속에 영원히 남아 있을 것입니다.

그들은 실패하지 않았습니다. 잘못은 우리에게 있습니다. 왜냐하면 우리는 침략자들에게 침략의 열매들을 계속 갖도록 허용했을 뿐만 아니라, 오히려 더 많은 과일을 갖도록 했기 때문입니다. 우리는 마치 적이 국제사회의 존경할 만한 일원인 것처럼, 극악무도한 산적이 법을 지키는 양민으로 갑자기 변하기나 한 것처럼 생각하고 싸움을 중단했으며 그들과 회담을 시작했습니다.

나의 친구들이여!

공산주의자들을 변화시킬 수 있는 길은 오직 하나밖에 없습니다. 그것은 바로 우리가 그들을 결연하게 상대해서 그들에게 말해 주는 것입니다. 침략은 끝났으니 탈취한 것을 모두 포기하고 우리와 함께 평화롭게 살아라. 그렇지 않으면 자유세계 국가들의 단합된 힘과 대결해야만 할 것이다!

우리는 지금보다 더 좋은 세계, 평화로운 세계를 가질 수 있습니다. 그러나 그것은 우리가 한 나라씩 차례로 적에게 잃고 있을 때, 단지 말로만 해서는 이룰 수 없습니다. 아닙니다. 그것은 옳은 방법이 아닙니다. 그 대신, 우리의 진로는 우리를 힘으로 인도하는 것이어야 하며, 힘을 통해서 전쟁도발자들이나 세계 정복자들의 야욕을 근절해야 합니다.

우리의 공동 목표는 어떤 희생을 치르더라도 이뤄야 하는 평화여서는 안 됩니다. 그것은 단지 패배와 인간 자유의 종말을 초래할 것입니다. 우리의 영원한 표상은 어떤 희생을 치르더라도 지켜야 하는 정의여야만 합니다. 정의란 우리가 다른 방법으로는 획득할 수 없는 자유, 올바른 것의 승리, 평화에 이르도록 인도하기 때문입니다.

연설이 끝나자, 1,000명의 청중은 우레와 같은 박수와 환호로 이승만 대통령에게 화답했다. 대한민국 공보처가 이 대통령의 미국 국빈 방문을 홍보하기 위해서 영어와 우리말로 1955년에 제작한 책자는 이날 오찬회 사진 1장을 2페이지 전면을 할애하여 실었다. 그만큼 이 오찬회는 이 대통령에게 잊지 못할 추억이었다.

오찬회를 마친 후 이 대통령 내외는 8월 6일 오후 3시, 뜻밖에도 하와이 망명 시절의 친지 이순기씨 묘소를 찾아 화환을 증정했다. 이 씨는 올림픽 수영(10m 다이빙) 종목에서 1948년과 1952년 두 차례나 금메달을 수상한 전설적인 한국계 미국인 사무엘 '새미' 리 Samuel 'Sammy' Lee, 1920~2016의 부친이다.

참고로 수영 선수이자 이비인후과 의사이기도 했던 새미 리는 1953년부터 1955년까지 2년간 주한미군으로 복무했다. 당시 이승만 대통령은 그를 경무대로 초청해서 그의 부친과 하와이에서 독립운동하던 시절을 회고했다고 한다. 마침 이 대통령의 이순기씨 묘소 참배 때는 새미 리가 한국에서 복무 중이라 함께 하지 못했다.

한편, 이승만 대통령 내외는 8월 6일 저녁 6시부터 8시까지는 주로스앤젤레스 한국총영사가 주최하는 만찬회에 참석했다. 이 행사에는 로스앤젤레스의 정치, 경제, 문화계 유력인사 및 교민 등 1,500명이 참석하여 성황을 이뤘다.

19

샌프란시스코
커먼웰스 클럽 연설

샌프란시스코
커먼웰스 클럽 오찬회

19

샌프란시스코
커먼웰스 클럽 연설

1954년 8월 7일 오전 9시, 이승만 대통령은 로스앤젤레스를 출발해서 오전 10시 40분 샌프란시스코에 도착했다. 공항에서 엘머 로빈슨Elmer Edwin Robinson, 1894~1982 샌프란시스코 시장을 비롯한 시 관계자와 교민들이 참석한 가운데, 간단한 환영 행사가 열렸다.

곧 이 대통령은 로빈슨 시장의 안내로 미 제6군 사령부가 있는 프레시디오로 향했다. 사령부에 도착하자, 21발의 예포가 울리고 애국가가 엄숙하게 연주되었다. 이 대통령은 한국전 참전용사들로 구성된 의장대를 사열한 후, 미 제6군 사령관 윌리엄 와이먼 중장, 그리고 6·25전쟁 초기에 북한군의 포로가 되었던 윌리엄 딘 소장과 잠시 환담했다.

이어서 이 대통령은 여행의 피로도 잊은 채 샌프란시스코 팰리스 호텔로 향했다. 커먼웰스 클럽Commonwealth Club이 주최하고, 샌프란시스코 상공회의소와 한미재단이 후원하는 오찬회에 참석하여 연설하기 위해서였다. 그는 국빈 방문 기간 중 마지막이 될 공식 연설에서 7월 26일 미국에 도착한 이후 느꼈던 감회를 솔직하게 모두 쏟아놓을 작정이었다.

참고로 샌프란시스코에 본부를 둔 커먼웰스 클럽은 1903년 창립되었고, 미국에서 가장 오래되고 규모가 큰 공공 포럼이며, 매년 국내외 정치·문화·사회·경제 등을 주제로 400회 이상 개최한다.

1954년 8월 7일 오후 1시에 시작된 오찬회에는 샌프란시스코 여론주도층 인사 500여 명이 참석했다. 오찬이 끝난 후, 이승만 대통령은 차분한 어조로 미국 국빈 방문을 마무리하는 명연설을 시작했다.

샌프란시스코 커먼웰스 클럽 연설 전문

1954.8.6.

신사 숙녀 여러분, 샌프란시스코는 언제나 다정다감한 도시로 알려져 왔습니다. 이러한 사실이 나와 내 아내를 정중하게 환영함으로써 다시 한번 입증되었습니다.

여러분이 나의 조국과 국민에게 큰 관심을 보여 준 데 대해 감사합니다. 또한 한국 원조 캠페인을 아낌없이 지원해주시고, 나를 반갑게 맞아 주시는 등 각별한 관심을 보여 준 데 대해서도 감사드립니다.

이번 미국 여행은 미국 국민이 한국과 한국 국민에 대해서 거대한 저수지처럼 큰 호의를 갖고 있다는 사실을 내게 확실히 깨닫게 해주었습니다.

나는 고국으로 돌아가서 나의 국민에게 미국이 내가 기대했던 것보다도 훨씬 확고한 우방이라는 사실을 알려 주겠습니다. 가진 것 모두를 바쳐서 공산주의에 대항해 싸우고 있는 우리 국민에게 이는 멋진 뉴스가 될 것입니다.

우리 한국인들은 미국 정부가 국민의 뜻에 따라서 민주적으로 움직인다는 사실에 크게 감사하고 있습니다. 코델 헐 전 국무부장관은 어느 라디오 연설에서 이러한 이념을 미국 국민에게 다음과 같이 표현했습니다. "여러분의 정부는 여러분보다 훨씬 앞서 나갈 수도 없고, 여러분보다도 훨씬 뒤처져 있을 수도 없습니다."

사람들은 종종 미국 정부는 정책이 없다고 말합니다. 나는 이런 주장은 사실이 아니라고 생각합니다. 정부가 정책이 없다면, 그 책임은 정부에게 있는 것이 아니라, 미국이라는 국가를 실제로 구성하고 있는 미국 국민에게 있는 것입니다.

만일 하나의 국가, 하나의 국민을 대표하는 미국이 중요한 국내적·국제적인 문제들에 대해서 확고한 정책이나 원칙을 갖고 있다면, 정부는 그것에 따라야만 합니다.

오늘날 여러분과 내가 당면하고 있는 문제는 여러분의 나라와 이 세계의 자유 국가들의 생사와 관련된 것입니다. 나의 친구 여러분, 솔직히 나는 적들이 도처에 있다고 말씀드리고자 합니다.

나는 여러분 중 일부가 공산주의들이 누구인지, 그들이 우리의 권리와 자유—실제로는 우리의 국가적인 존립—에 대해서 무슨 짓을 하려고 하는지를 잘 모른다는 사실을 알더라도 놀랍지 않습니다.

공산주의자들에 대해 모르는 사람들은 무지해서 공산주의가 이기거나 지거나 상관하지 않습니다. 여러분이나 내가 이렇게 양다리 걸치는 사람들에게 공산주의의 악에 대해서 가르칠 수 없다면, 그들은 틀림없이 나의 적입니다. 그리고 바라건대 여러분의 적이었으면 합니다.

또한 내가 두려워하는 것은 공산주의를 우리와 같이 잘 이해는 하지만, 그것을 수용하고 믿으며, 그 성공을 위해서 공개적으로 또는 비밀리에 일하고 있는 사람들입니다. 이런 사람들은 항상 우리의 적임에 틀림없습니다.

다른 그룹도 포함됩니다. 즉, 공산주의가 행하는 악을 알고는 있으나 공산주의자들과 싸우거나 적대시해서는 아무것도 얻을 수 없다고 생각하는 사람들입니다. 이들은 우리가 공산주의를 저지할 수 없으므로 공산주의를 옹호하는 자들을 내버려 두어야 한다고 주장하는 패배주의자들입니다. 그들 역시 우리의 적입니다. 왜냐하면 그들의 비저항 의지가 우리 모두의 운명을 망칠 수 있기 때문입니다.

이것이 바로 공산주의자들이 전 세계에서 교묘하게 조장하고 있는 상황입니다. 오늘날 소위 위성국가로 불리는 나라들은 일찍이 이같은 문제에 직면했었습니다. 이들 위성국가에는 공산주의에 무지했던 국민, 공산주의를 포용했던 국민, 싸우기를 원하지 않았던 국민이 있었습니다.

결국 이런 사람들뿐만 아니라 공산주의를 원하지 않았고, 죽기 아니면 살기로 공산주의를 반대하지 않았던 사람들까지도 달리 방법이 없었기 때문에 어쩔 수 없이 마르크스주의적 전체주의를 수용했습니다.

그들은 한 걸음 한 걸음씩 함정에 빠져들어 갔으며, 이제 그들에게 남은 단 하나의 희망은 우리의 중재뿐입니다. 이 순간 우리는 위성국가들이 위성국이 되기 전에 처했던 것과 꼭 같은 위기에 직면해 있습니다.

공산주의자들은 전 지구를 정복하려고 스스로 설정한 과업을 수행하는 데 있어서 이러한 잠입 과정이 그들의 가장 강력한 무기라는 사실을 발견했습니다. 그 증거는 쉽게 찾아볼 수 있습니다. 벌써 위성

국가의 수가 엄청나게 증가했으며, 지금도 얼마나 많은 나라들이 같은 함정에 빠져들고 있는지를 그저 둘러보기만 해도 충분합니다.

유럽과 아시아, 그리고 심지어 아메리카의 소위 자유국가들 중에서 일부는 적화되기 직전의 위기에 처해 있습니다. 많은 경우 이러한 위협에 직면한 국가들은 인간을 괴롭히는 의문의 질병으로 희생되는 사람들과 같습니다. 그들은 때늦은 후회를 할 때까지 자신들의 위험이 무엇인지조차 알지 못합니다.

이것들이 바로 우리 당면하고 있는 끔찍한 현실입니다. 공산 통치 하에서는 생존이 위협받는다는 사실을 아는 우리에게는 해야 할 일이 단 하나 있습니다. 우리는 공개적으로 의견을 밝혀야만 합니다. 그따위 일을 왜 하느냐는 선입견을 버리고, 우리 자신과 자녀들, 그리고 우리의 조국을 구하기 위해서 무엇인가를 해야만 합니다.

만일 치명적인 전염병이 여러분의 공동체를 휩쓸고 있다는 것을 안다면, 여러분은 한가하게 앉아서 당신과 당신의 사랑하는 사람들이 감염될 때까지 기다리겠습니까? 흑사병이 여러분의 바로 이웃에 창궐하더라도 결코 여러분에게는 닥치지 않을 것이므로 걱정할 필요가 없다고 스스로 위로하시겠습니까?

나는 그렇지 않기를 기대합니다. 그러나 다른 사람은 나와 다르게 생각하고 있기 때문에 공산주의가 방해받지 않고 존재하는 것입니다.

나의 친구들이여, 여러분은 일어서서 공산주의에 맞서 싸워야만 합니다. 여러분은 전염병과 싸우는 것처럼 공산주의와 싸워야만 합니다. 전례 없이 용감하게 싸워야만 합니다. 어디서든 공산주의자들과 전투를 벌여야만 합니다. 여러분의 나라, 심지어는 여러분의 가정에서조차 말입니다.

만일 여러분이 그렇게 하지 않으면, 점점 더 많은 미국 국민이 예전에 여러분이 알았던 것과 같은 애국적인 남녀가 아니라는 사실을 조만간 알게 될 것입니다. 그들은 벌써 적에게 넘어가 버렸을 것입니다.

그리고 여러분은 항상 표를 더 얻어서 선거에서 승리하기를 갈망하는 정치인들이 공산주의자들과 협상을 시작하는 것을 알게 될 것입니다. 왜냐하면 공산주의자들은 팔아먹을 표를 가지고 있을 것이기 때문입니다. 그 끔찍한 대가는 너무 늦어서 비용 지불을 더 이상 피할 수 없을 때가 되어서야 비로소 명백히 드러날 것입니다.

유럽의 몇몇 정치가들에게 어떤 일이 일어났는지를 보십시오. 몇 년 전만 해도 그들은 '반동적', '보수적', '반공적'이라는 지적을 받았습니다. 그런데 오늘 그들은 어디에 있습니까?

그들 중 어떤 이들은 가장 열렬한 공산주의 지지자가 되었고, 또 어떤 사람들은 무저항주의, 공존, 혹은 노골적인 유화주의와 같은 정책으로 적색 음모를 방조하고 있습니다.

그들은 부끄러워하지 않고 있습니다. 그들은 죄의식이 없습니다. 왜 그들이 그러한 감정을 가져야 합니까? 그들의 많은 친구는 이미 공산당의 거미줄에 걸려서 민주주의를 매도하고 있으며, 지금 공산주의자로서의 애처로운 가장무도회 의상을 입고 있습니다.

이러한 지도자들과 그들의 친구들은 자기의 조국이 노예국가가 되느냐, 아니면 자유국가로 남느냐에 대해서는 더 이상 관심이 없습니다. 그들은 확대되는 마르크스주의의 캄캄한 밤에 길을 잃었습니다. 우리는 그들을 마르크스주의에서 구출할 수만 있다면 큰 손해를 보고라도 구해야 할 것입니다.

그들 중 어떤 이들은 스스로를 중립주의자라고 부릅니다. 한때는 고귀했던 중립이란 단어에 대한 이 얼마나 가소로운 곡해입니까? 내게는 공산주의와 민주주의 간의 투쟁에 있어서는 중립이라는 것이 존재하지 않습니다. 여러분 모두에게도 그러하기를 바랍니다.

어느 한쪽이든 이겨야만 합니다. 그리고 자유세계가 지향하는 문화의 숭고한 용어를 신봉한다면, 우리는 가진 것과 누리는 것 모두를 자유와 정의라는 대의를 위해서 바쳐야 합니다.

이것이 바로 내가 미국의 정책이 여러분의 손에 달렸다고 말하지 않을 수 없는 이유인 것입니다. 이는 어느 정당, 의회, 행정부, 대통령의 것도 아니고, 그들에 의해서 통제되는 것도 아닙니다. 그것은 바로 여러분의 것입니다.

여러분은 6억의 중국인들이 적에게 넘어간 것이 여러분 정부의 실책이었다고 정직하게 말할 수 있습니까? 여러분은 중국 문제에 관해서 여러분의 정부 정책에 반대하는 의견을 피력하신 적이 있습니까? 한국전쟁이 교착 상태에 빠졌을 때, 여러분은 무엇을 하셨습니까?

휴전회담은 우리가 한국에서 공산주의와 통일의 문제들을 명백한 승리로 해결할 수 있었던 바로 그때 시작되었습니다.

공산군이 인도차이나로 진군해 들어갔을 때, 어느 연합군도 방어를 위해서 돕는 것이 허용되지 않았습니다. 심지어 그 어느 주변국에서도 자국 군대를 파병하는 것이 허락되지 않았습니다.

만약 민주주의의 수호에 공감하는 미국 여론이 충분히 조성되었더라면, 어찌 인도차이나가 휴전협정을 수락하도록 설득되었겠습니까? 나는 미국 여론이 완전히 조성되지 않았었다고 봅니다.

만일 미국의 위대한 국민인 여러분이 이 세계를 공산 전체주의로부터 구출하기 위한 결정적인 정책을 갖고 있었더라면, 만일 여러분이 그것을 힘닿는 한 모두에게 분명히 알도록 했더라면, 공산주의자들은 한 나라씩 잇따라서 접수할 수는 없었을 것입니다.

만약 여러분이 공산주의의 악을 마땅히 증오하고 두려워한다면,

여러분 중 많은 분이 그러할 줄 알고 있습니다만, 여러분은 아직도 여러분의 것인 민주주의적인 유산을 활용해야만 합니다. 여러분은 미국이 공격을 받기 전에 공산주의자들이 저지되어야 한다고 주장하고, 소리 높이 외쳐서 여러분의 나라에 영향력을 행사해야 합니다.

인도차이나가 거의 상실되었습니다. 다음 차례는 어느 나라입니까? 아시아의 용감한 나라 태국이 공산주의 침략의 최우선 목표가 되고 있습니다. 그다음으로 말레이반도, 버마, 인도네시아, 일본, 그리고 조만간 자유국가로 남아 있는 한반도의 나머지 반쪽이 그 차례가 될 것입니다.

공산 세력이 극동에서 신세계로, 그리고 미국으로 이동하는 데까지는 얼마나 걸릴까요? 공산 세력이 이미 여러분의 이웃에게까지 온 것은 아닐까요? 중앙아메리카에서 최근에 일어난 일은 무엇입니까? 만약 여러분이 공산 세력이 더 이상 접근해 오지 않는다고 생각한다면, 그것은 잘못된 생각입니다. 사태는 더욱 신속히 진행되고 있으며, 이를 저지할 수 있는 길은 여러분의 적극적인 행동뿐입니다.

나는 여러분 중에 많은 분이 자신의 감정을 표현하기 위해서 많은 일을 했다고 말할 수 있어 기쁩니다. 미국의 크고 작은 도시에서 발간되는 몇몇 주요 신문들은 당면한 위협을 지적하려고 최선을 다해 왔습니다. 여러분 중 몇몇은 연설하고, 친구들에게 여러분의 의사를 전달하고, 공산주의에 반대하는 조직에 가입했습니다.

그러나 솔직히 말하자면, 여러분은 여태까지 실패하고 있음에 틀림없습니다. 여러분은 당연히 내게 왜냐고 물을 권리가 있으며, 나는 답변을 해야만 합니다. 미국에서 공산주의를 위해서 투쟁하고 있는 자들이나, 마르크스주의 철학 및 크렘린의 의도에 동조하고 있는 자들은 여러분을 반대하고 있습니다.

그들은 언제나 거짓의 방패막이 뒤에 숨어 있으므로 얼핏 보아서는 지극히 존경할 만한 사람들 같아 보입니다. 그러나 그들은 우리가 공산주의에 정면으로 대항해야 하고, 필요하다면 싸워야만 하며, 그렇지 않으면 파멸한다는 것을 알고 있는 여러분의 정의로운 목소리를 없애버리려고 시도하고 있습니다.

공산주의자들이 우리를 위협하고 있는 한국, 인도차이나, 서독과 모든 개개의 지역에서 평화를 정착시켜야 한다고 말하는 사람들도 같은 부류입니다. 우리는 평화를 원하므로 그들의 호소가 아주 대단한 것처럼 들립니다.

그러나 우리는 그 말을 듣고 내버려 둘 수 없습니다. 그들의 평화라는 말은 공허한 거짓말입니다. 왜냐하면 그들이 가져올 평화란 사상통제와 세뇌의 희생물로 전락해서 아무런 개성과 희망 없이 사슬에 얽매인 남자 혹은 여자의 평화이기 때문입니다.

나의 친구들이여, 그렇다면 다른 나라의 자유를 구하는 것은 차치하고라도 여러분 자신의 민주주의를 구하는 것도 이미 너무 늦었다는 것이 분명하지 않습니까? 저 위성국가들을 다시 한번 보십시오. 그들의 대열이 증가하고 있는 것을 보십시오. 체코슬로바키아와 같이 한때 민주주의를 자랑하던 나라가 어떻게 되었는지를 생각해 보십시오.

비록 그렇다 하더라도, 아직 늦지 않았습니다. 만약 여러분이 개인적으로 그리고 국가적으로 지금 싸움을 시작한다면, 아직 승리의 희망은 남아 있습니다. 선택은 여러분의 몫입니다. 나는 단지 그것이 옳은 선택이라고 기도할 뿐입니다. 여러분이 곧 싸움을 개시하지 않으면, 그간 미국이 옹호해온 모든 것을 상실하게 될 것입니다.

그 대체물로 나타나는 것은 공산주의 세계이며, 그곳에서는 그 누구도 자신의 마음과 몸, 영혼의 주인이 될 수 없습니다. 그러나 여러분이 적에게 단호히 저항한다면, 민주주의를 구원하고 인류의 자유를 영구히 보존하는 궁극적인 결과를 얻을 수 있을 것입니다.

마지막으로 여러분의 마음을 상하게 할지도 모르는 말을 좀 해야겠습니다. 내가 이런 말을 하는 것은 오늘날 자유세계의 가장 중요한 과제가 민주주의 옹호자들의 단결과 신속한 행동의 필요성을 널리 진작시키는 일이라고 굳게 믿고 있기 때문입니다.

오직 그렇게 해야만 우리의 자유와 소중하게 생각하는 모든 것을 지킬 수 있습니다. 나는 몇몇 사람들이 얘기하듯이 전면적인 핵전쟁 개시를 옹호하는 사람이 아닙니다.

나는 여러분의 대통령이 그러하듯 수소폭탄의 사용을 두려워합니다. 그리고 힘이 닿는 한 제3차 세계대전을 피하기 위하여 전력을 다해야 한다는 데 우리는 전적으로 의견이 일치합니다. 그러나 그 대가로 결코 민주주의를 제물로 바쳐서는 안 됩니다.

지구상에서 자유세계가 계속 줄어들어서 반은 노예 반은 자유의 상태가 오래 지속될 수 없습니다. 우리가 단합해서 행동하는 데 실패한다면, 자유세계의 수명은 오래가지 못할 것입니다.

우리는 힘을 합쳐서 공산주의 세력에 대항할 준비를 해야만 합니다. 그런 준비가 끝나면, 우리는 이길 수 있다는 자신감을 갖게 될 것입니다. 결국 우리는 승리하고, 자유세계를 만들며, 우리 모두가 그렇게도 바라는 항구적인 평화를 성취할 수 있을 것입니다.

30분간의 연설이 끝나자, 청중은 모두 기립하여 박수갈채로 경의를 표했다. 이어 앨머 로빈슨 샌프란시스코 시장은 이승만 대통령에게 캘리포니아산 삼나무로 만든 의사봉을 선물했다. 이 대통령은 로빈슨 시장에게 감사를 표하고, 청중에게 의사봉을 흔들어 보이며 말했다.

"이 의사봉을 세계의 질서와 평화를 촉구하는 데 사용하겠습니다."

이날(1954년 8월 7일) 저녁, 샌프란시스코 주재 한국총영사관에서는 한국과 우정을 맺은 수백 명의 샌프란시스코 인근의 미국 유력인사와 교민들이 참석한 가운데 이 대통령 내외를 위한 리셉션이 개최되었다.

의사봉 들고 즐거워하는 이승만 대통령

8월 8일(일요일) 아침 9시 30분부터 10시 30분까지 이승만 대통령 내외는 샌프란시스코 주재 한국총영사관에서 간담회 겸 아침 예배에 참석했다. 그곳에는 1,000마일이나 되는 먼 거리에서 온 동포들도 있었다. 아침 예배는 미시건주 베이시티 소재 한국 감리교회 피터 안 목사와 캘리포니아주 버클리 소재 한국 감리교회 김 목사가 집전했다.

예배 후에, 이 대통령은 간략하게 우리말로 인사했다.

"세계의 모든 한국 동포들은 조국이 공동의 적으로부터 해방되고 우리가 그토록 오래 노력해 온 모든 것들이 부흥되기를 기도하면서, 고국의 전쟁터에 있는 우리와 함께 마음을 합하여 협력해 나아

샌프란시스코 공항에서의 작별인사

가야 합니다. 하느님은 우리에게 이 모든 것들을 주실 것이고, 우리는 하느님께 지금 우리가 계속 싸울 수 있도록 자비를 베풀어 주신 데 대해서 감사를 드려야 합니다.

　우리 한국은 과거에 여러 차례 극복할 수 없을 것 같은 여건 아래 있었으나, 우리는 일어섰고 많은 전투에서 승리를 거두었습니다. 그러나 아직도 공산주의라는 가장 센 놈이 우리 앞에 있습니다. 우리는 용기와 신에 대한 믿음이 필요합니다. 신은 공산주의와의 전투라는 결정적인 순간에 우리와 함께 계실 것입니다."

이 대통령 내외와 일행은 대형 차량에 타고 경찰 모터사이클의 선도로 샌프란시스코 공항으로 향했다. 미국 본토에서의 국빈 방문을 마치고, 하와이로 가기 위해서였다. 공항에서 이 대통령은 환송을 위해 나온 수백 명의 동포와 석별을 정을 나눈 후, 비행기 탑승 바로 전에 출발 성명을 발표했다.

"나는 미국에서 내가 받은 놀라운 환대에 대해서 마음에서 우러나는 감사의 뜻을 표하지 않고는 이 위대한 나라의 대륙적인 경계를 떠날 수 없을 것 같습니다. 워싱턴에서 뉴욕, 로스앤젤레스, 샌프란시스코에 이르기까지 미국 국민은 한국 국민과 한반도 통일에 관해서 지대한 관심과 공감을 표시해 주었습니다.

　나는 대단히 고무되어 한국으로 돌아가서 우리 국민에게 말해 줄 수 있습니다. 미국이 민주적이고 자유롭고 통일된 조국을 만들기 위한 우리의 투쟁을 적극 지지하고 있다고 말입니다. 이는 공산주의 침략에 대한 투쟁에서 엄청난 희생을 치른 우리 국민에게 크나큰 격려가 될 것입니다.

내가 아이젠하워 대통령과 미국 정부의 다른 관리들과 나눈 대화들은 매우 만족할 만한 것이었으며, 시간이 지나면 그 성과가 분명히 드러날 것입니다. 또한 가공할 만한 공산주의 위협에 대해서 미국의 경각심이 높아지는 것을 알고 나니 흐뭇합니다.

다만, 그런 경각심만으로는 충분하지 않습니다. 미국은 공산주의자들의 침략을 저지하고, 그들이 무력으로 빼앗은 모든 지역으로부터 그들을 축출하기 위한 단호한 조치에 앞장서야만 합니다.

한국 국민과 정부를 대신해서 아이젠하워 대통령을 비롯한 미국 정부와 국민이 나와 내 아내에게 보여 준 호의에 대해서, 또한 한국의 정당한 요구를 언제나 사심 없이 지원해 준 데 대하여 감사드립니다.

나는 한미 양국이 완전하고 긴밀하게 협조하여 한반도 통일을 실현하고, 정의와 자유와 영원한 평화가 보장되는 세계를 만들 수 있다고 확신합니다."

20

하와이
방문

이승만 대통령 내외를 환영하는
사무엘 킹 하와이 주지사

20
하와이
방문

하와이 도착

19 54년 8월 8일 12시 5분, 샌프란시스코를 출발한 이승만 대통령 일행은 같은 날 오후 6시 30분, 하와이 호놀룰루의 히컴Hickam 공군기지 비행장에 도착했다. 이 대통령은 1915년부터 1938년까지 23년간 하와이에서 일제 침략자들의 착취를 피해 온 동포들을 위해 학교·교회·애국단체를 만들어 민족정신과 독립정신을 고취하는데 크게 기여했다.

이 대통령 내외가 비행기에서 내리자, 200여 명의 하와이 한인 동포가 '만세'를 부르며 태극기를 흔들었다. 미국 측에서도 사무엘 킹Samuel King, 1886~1959 하와이 주지사, 태평양 함대사령관 펠릭스 스텀프Felix B. Stump, 1894~1972 제독 등 저명한 인사들이 나와서 대통령 내외에게 하와이 전통 꽃목걸이를 걸어 주며 환영했다.

대통령 내외가 한인 동포들 사이로 일일이 악수하며 걸어가는 동안, 나이 지긋한 남녀들은 소리 내어 울었다. 이 대통령은 환영객들에게 짤막한 인사를 했다.

"호놀룰루에 다시 돌아오게 되어 반갑습니다. 하와이에 있는 나의 친구들에게 인사드립니다. 조국을 잃고 떠돌아다녔던 그 옛날, 하와이와 워싱턴은 내 고향이었습니다."

또한 이 대통령은 미국 취재기자들이 방미 소감을 묻자, 간단하고 명쾌하게 답했다.

이승만 대통령과 하와이 동포

"2주일간의 방미 여행은 성공적이었습니다. 아이젠하워 대통령과 닉슨 부통령, 그리고 노우랜드 상원 다수당 원내 대표가 베풀어준 여러 가지 후의에 대하여 대단히 만족하였습니다."

공항 환영 행사를 마친 이 대통령은 스텀프 제독의 관용차에 동승하고, 부인 프란체스카 여사는 스텀프 제독의 부인과 함께 다른 차를 타고 숙소로 향했다. 숙소는 진주만 해군기지 사령관 관저 옆에 있는 마칼라파 영빈관makalapa guest house이었다. 한편, 대통령 수행원들은 로열 하와이안 호텔에 투숙했다.

공동 기자회견 및 미 태평양함대사령부 방문

8월 9일 이른 아침, 이 대통령은 사무엘 킹 하와이 주지사의 예방을 받았다. 오전 9시 20분에는 마칼라파 영빈관에서 호놀루루 신문기자단과 기자회견을 했으며, 답변 요지는 다음과 같다.

"한국군은 아직 조국을 적의 침략으로부터 수호하기에 충분할 정도로 증강되지 않았고 훈련도 미흡합니다. 현재 한국은 20개 사단을 보유하고 있습니다. 우리는 정규군 이외에 동원할 수 있는 청년이 150만 명이나 되므로 미국 정부에 대해 육해공군에 대한 물질적인 원조의 증가를 요청했습니다."

"나는 현재 워싱턴에서 주한유엔군을 철수할 계획을 추진 중인 것으로 알고 있습니다. 우리 한국군이 한국방위에 관한 책임을 도맡아 할 수 있는 제반 준비를 갖추게 되는 날도 그다지 멀지 않을 것입니다."

"일본은 아직도 한국에 대해서 침략적인 태도를 취하고 있으며, 앞으로 한국의 정치·경제적 권한을 예전처럼 자기네 수중에 넣으려는 야심을 품고 있는 것이 확실합니다. 일본 정부는 제2차 세계대전 종전 후에 여러 현안에 관한 한국과의 협상에서 지연책을 취해 왔습니다."

"일본의 요시다 시게루 수상이 한국 문제는 일본의 군사력이 다시 강화됨에 따라 해결될 것이라고 언급한 바 있음을 나는 알고 있습니다. 그러나 일본인들이 다시는 한국을 정복하지 못할 것이라는 사실을 빨리 이해할수록 한일 양국관계는 호전될 것입니다."

태평양함대사령부 의장대 사열

288

"1) 일본이 한국의 토지재산에 대한 권리 주장을 포기하고, 2) 합법적으로 조인된 바 없는 보호조약(1905년) 및 합병조약(1910년)의 무효를 인정하며, 3) 한국에서 약탈해간 그 많은 국보 및 보물을 반환한다면, 한국은 일본에 대한 배상 요구를 포기할 용의가 있습니다."

"미국의 납세자들이 한국의 기간산업 부흥용으로 많은 자금을 제공해왔으나, 결국은 전부가 ECA(미국의 대외원조기구인 경제협조처 'Economic Cooperation Administration'의 줄임말) 자금과 같이 되어 일본에서 소비품을 수입하는 데 소비되고 말 것입니다."

"미국 ECA 당국자들은 일본으로부터 수입해 오는 게 값이 싸다는 핑계로 한국의 경제 재건보다는 일본의 경제력을 강화해주고 있습니다. 우리의 재정정책은 얼마나 많이 외국 원조를 받느냐는 것보다, 우리가 받는 원조자금이 정당하게 사용되느냐 하는 문제에 중점을 두고 있습니다. 이 점에서 우리는 워싱턴 당국과 약간의 견해 차이가 있습니다."

아울러 이 대통령은 한일관계에 관해서 답변하는 중에 1) 한일 양국 간에 획정된 평화선의 국제법적 합법성을 주장했으며, 2) 한국 어민에 대한 보호에 대해서도 언급했다.

기자회견을 마친 이 대통령 내외는 미 태평양함대사령부로 스텀프 제독을 만나러 갔다. 그곳에서 의장대 사열을 받고, 군 지도자들과 오찬을 함께 하며 많은 대화를 나눴으며, 저녁에는 스텀프 제독이 베푼 리셉션에 참석했다.

이승만 대통령과 미 해군 부사관 Barbara Williams.
(미 해군 공식 사진사가 촬영한 사진에 대통령이 친필서명)

하와이 옛 친구들과 함께

8월 10일 오전 9시 30분, 이 대통령 내외는 수행원들과 함께 관광 명소인 이올라니 궁전 뒤편에 있는 하와이 주정부 청사로 가서 사무엘 킹 주지사와 즐겁게 환담했으며, 망명 시절 사귀었던 미국인 친구와 장소들을 회상했다. 이 자리에서 이 대통령은 킹 주지사에게 한국화가 이상범 화백이 그린 '아침'이라는 제목의 한국화를 선물하고 함께 기념 촬영했다.

촬영을 끝내고 킹 주지사의 안내로 주정부 청사의 정문까지 나오는데, 마침 이올라니 궁전 관광객들이 이 대통령 내외와 일행을 발견하고 분주히 카메라 셔터를 눌렀다. 이 대통령은 그들을 향해서 "우리는 옛 친구"라고 친근감을 표시했다. 그때 어느 여인이 다

킹 주지사에게 한국화를 선물하고 기념 촬영한 이 대통령 내외

가와 인사하자, 대통령 내외는 예전에 이웃에 살던 여인임을 알아보고 반갑게 인사를 나눴다.

뜻밖에 지인을 만난 이 대통령은 갑자기 일정을 변경하여 호놀루루 일간지 두 곳으로 가보자고 보좌관들에게 지시했다.

첫 번째 들른 곳은 〈호놀룰루 애드버타이저〉 신문사였다. 그곳에서 레이먼드 콜리 편집인과 옛 동료들에 관한 얘기를 나누었고, 호놀룰루에서 1913년에 〈코리안 퍼블릭 위클리〉를 창간했던 것을 회상했다. 또한 이 대통령은 이날 오후 시간을 내서 〈호놀룰루 애드버타이저〉의 로린 써스턴 발행인과 기자회견을 하고 별도로 환담도 했다.

두 번째 들른 곳은 〈호놀룰루 스타 불레틴〉 신문사였다. 그곳에서 이승만은 독립운동을 강력히 지지하고 후원해 주었던 옛 친구이자 릴리 알렌 편집인을 만났다.

펀치볼 국립묘지 참배

예정에 없던 신문사 두 곳을 방문한 후, 이 대통령은 미 헌병과 호놀룰루 경찰의 호위를 받으며, 호놀룰루 시내가 내려다보이는 펀치볼 분화구에 위치한 미 국립 태평양 기념 묘지National Memorial Cemetery of the Pacific, 펀치볼 분화구에 위치하여 '펀치볼 국립묘지'라고도 함로 향했다. 이곳은 제1, 2차 세계대전과 6·25전쟁에서 사망한 많은 미군의 영원한 안식처이다.

이 대통령이 탑승한 차량이 묘지에 들어서자, 군 의장대가 받들어총을 하여 영접했다. 차량에서 내릴 때부터 클라크 러프너Clark

292

Ruffner, 1903-1982 소장이 대통령을 안내했다. 그는 미 육군 태평양 사령관이며, 그 유명한 인천상륙작전 당시 미 제10군단 참모장이었고, 그 후 한국에서 미 제2사단을 지휘했었다.

러프너 장군은 이 대통령을 국기게양대가 있는 곳으로 안내했다. 그곳에서 하얀 헬멧을 쓴 헌병 2명이 대통령에게 흰색 카네이션과 난초 화환을 건네주었다. 대통령은 화환을 게양대 바닥에 놓은 다음, 뒤로 몇 발자국 물러서서 양손을 모으고 고개를 숙인 채 2~3분간 묵념했다.

이어서 대통령은 조국의 독립을 위해서 투쟁하다가 하와이에서 서거하여 펀치볼 국립묘지에 잠들어 있는 안득순, 공치순 등 두 분과 그 외의 몇 분의 묘소에 화환을 헌정했다.

펀치볼 국립묘지 방문

편치볼 국립묘지에서 출발한 이승만 대통령과 수행원의 차량 행렬은 급하게 방향을 바꾸어 대통령이 하와이 망명 시절 했던 일들에 대한 기억을 회상할 수 있는 곳으로 향했다. 일단 차량 행렬은 한인기독교회에 멈췄다. 그곳은 이승만이 1919년에 창건한 교회다.

이 대통령은 그곳에 모인 수백 명의 신자에게 아이젠하워 대통령의 초청을 받아서 미국 본토를 방문하여 미국인들에게 여러 번 강조했던 경고를 우리말로 들려주었다. 즉, 미국이 적극적인 조치를 취하지 않으면, 공산주의자들이 세계를 전복시킬 것이라는 경고였다.

이승만은 독립운동할 때, 이 교회에서 직접 작사한 노래를 남녀 제자들에게 가르쳤다. 그런데 대통령이 되어 다시 교회를 찾아오자, 당시의 제자들은 그 노래를 합창함으로써 대통령 내외를 비롯한 참석자들의 가슴을 뭉클하게 만들었다.

한인기독교회에서 출발한 차량 행렬은 누아누Nuanu 공동묘지로 향했으며, 이 대통령은 그곳에 묻힌 옛친구들의 묘소에 화환을 올렸다. 이어 자신이 만든 한국동지회 사무실에 잠시 들렀다가, 칼리 계곡의 양로원을 방문했다. 그 양로원은 이승만이 망명 생활 중 한국기독교학교로 창립한 곳인데, 1949년 학교는 문을 닫고 한인 양로원으로 사용되고 있었다. 대통령은 노인들의 손을 일일이 잡고 안부를 물었다.

이승만 대통령은 일단 숙소인 마칼라파 영빈관으로 돌아와서 오찬을 끝내고 오후 2시 반부터 교포들이 경영하는 상점 등을 둘러보고 명소 몇 곳을 탐방한 후, 하와이 주재 한국총영사관에서 개최된 리셉션이 참석했다. 리셉션에는 한미 양국의 공무원, 외교관, 군인, 사업가 등 500여 명이 참석해 성황을 이뤘다.

리셉션이 이날 일정의 끝이 아니었다. 저녁 8시에는 사무엘 킹 주지사 주최 만찬회가 열렸다. 이 대통령은 만찬회에 참석해서 하와이 방문 중에 하와이 주민, 정부, 군대가 보여 준 호의에 각별한 감사를 표명하고, 국제적 반공 운동에 하와이 주민의 적극적인 참여를 당부했다.

79세의 이승만 대통령이 만찬회를 끝내고 크게 피곤한 기색 없이 숙소로 돌아온 시간이 밤 10시 반이었다고 하니, 그저 말문이 막힐 뿐이다.

21
귀국길에
오르다

귀국 비행기에 오르는
이승만 대통령 내외

21

귀국길에
오르다

고별 기자회견

이승만 대통령은 1954년 8월 11일(수요일) 오전 8시 30분부터 9시까지 30분 동안 마카라파 영빈관에서 호놀루루 주재 각국 언론인들과 고별 기자회견을 했다. 그는 미리 준비한 영어 단어 767개 분량의 공식성명을 읽었다. 전문은 아래와 같다.

귀국 공식성명 전문
1954.8.11.

오늘 호놀룰루와 미국 땅을 떠나자니 만감이 교차합니다. 제2의 고향 땅을 다시 밟게 되어 정말 행복했습니다. 나와 내 아내에게 베풀어 준 정중한 환대를 결코 잊을 수 없을 것입니다.

그러나 동시에 나는 한국으로 돌아가는 것이 매우 기쁩니다. 할 일이 산적해 있고, 많은 일손이 필요하기 때문입니다.

헤어지면서 나는 미국의 모든 친구에게 그들의 국가와 미래 세대의 안전 및 복지를 곰곰이 생각해 보라고 촉구하고 싶습니다. 나아가 그들이 생각의 지평을 넓혀서 전 세계의 안전과 평화까지도 헤아려 보기를 희망합니다.

철의 장막 뒤의 공산주의 함정에 빠진 사람들, 즉 러시아인, 중국인, 북한인, 그리고 다른 위성국가 국민이 구조해 달라고 울부짖고 있습니다. 그들 모두가 미국이 적절한 시기에 적절한 행동을 취해 줄 것을 기대하고 있습니다.

미국은 인간의 자유를 포함한 민주주의 원칙의 챔피언이자 옹호자입니다. 나는 미국인들이 민주주의에 대한 확신과 신념을 가진 사람들을 실망시켜서는 안 된다고 생각합니다.

일시적인 평화는 절대로 평화가 아닙니다. 항구적인 평화를 표방하는 사람들은 그것을 위한 확고한 토대의 건설을 주장해야만 합니다. 그리고 이것은 국가들뿐만 아니라 인간들 사이의 평화 원칙도 포함해야 합니다.

미국의 건국과 미국 독립의 아버지들은 인간의 권리를 침해하는 적들에 대항하여 적절한 때에 투쟁하는 데 주저하지 않았습니다.

오늘 우리의 일부는 자유의 축복을 여전히 누리고 있습니다. 그러나 우리는 이것이 선조들의 귀중한 생명과 그분들이 가졌던 소중한 모든 것을 희생해서 얻어 낸 유산이라는 것을 결코 잊어서는 안 됩니다. 그분들은 초석을 만들어 놓은 것이고, 그분들의 위업을 지키는 것은 산 사람들의 과제입니다.

우리는 인간의 자유를 영구적인 민주주의를 보장해주는 양도할 수 없는 권리로 확립한 분들에게 보답해야 합니다. 그런데 그러한 보답은 인간의 모든 자유를 말살하려고 시도하는 자들을 패퇴시키기 위해 우리의 생명은 물론 우리에게 소중한 모든 것을 희생할 각오를 해야만 가능한 것입니다.

그렇게 하려고 한다면, 우리는 미국의 아버지들이 그랬듯이 적절한 장소에서 적절한 시기에 해야만 합니다. 결정을 더 미루는 것은 더 크고 더 끔찍한 재앙을 초래할 뿐입니다.

우리가 5년 전에 투쟁을 시작했다면, 상황이 이렇게 어렵지는 않았을 것이며, 전망도 이렇게 불길하지 않았을 것입니다. 내 생각에는 이러한 사실이 바로 오늘 투쟁하는 것이 내일까지 기다리는 것보다도 훨씬 낫다는 명백한 증거입니다.

나는 한국을 위해서 말하는 것이 아닙니다. 나는 세계의 모든 자유 애호 국민을 위해서, 또한 가능한 한 결사적으로 우리가 이 일을 해야 한다고 느끼고 있는 모든 사람을 위해서 말하는 것입니다. 그들을 공산주의자들의 맹공격 앞에 무너지게 만드는 것은 상상할 수 없는 일입니다. 그렇게 되면 적이 우리 모두를 정복하는 결과를 초래하여, 강한 나라든 약한 나라든 하나씩 하나씩 적의 손아귀에 들어가게 될 것입니다.

우리의 적은 무자비하며, 문명사회의 국가나 국민이 소중히 생각하는 품격을 갖추지 않은 존재들입니다. 적의 유일한 목표는 모든 자유국가를 정복하고 그들의 재산과 국민을 차지하는 것입니다.

세계가 잘 알듯이, 미국은 모든 국가 중에서 가장 부유하고 강력한 국가입니다. 만약 공산주의자들이 가장 큰 전리품을 얻을 수 있는 가장 부자 나라인 미국을 손대지 않고 그대로 둘 것으로 생각하는 자가 있다면, 그는 실로 한심하고 심지어 비극적인 오류를 범하고 있는 것입니다.

나는 미국에게 한국을 구하기 위해서 오늘이나 내일 선전포고를 하라고 요구하는 것이 아닙니다. 내 조국 하나라면 그리 큰 의미가 없습니다. 사실, 내 말은 미국 국민이 공산주의 침략의 희생양이 된 모든 다른 국가를 구하기 위한 거룩한 전쟁의 시발점으로 한국을 구제하는 단호한 결정을 내리라는 것입니다.

만일 미국이 한국이나 다른 곳에서 행동을 개시하면, 세계의 반공 세력들은 엄청난 용기를 얻을 것입니다. 조만간 그들은 현재 한국인들이 하는 것처럼 그들 자신의 자유를 쟁취하기 위해서 분발할 것입니다.

나는 아주 겸허하게 미국에 촉구합니다. 도움을 갈구하는 6억 중국인들과 아시아 및 그 이외 지역의 수많은 사람을 포기하지 마십시오.

이것이 나의 가장 절실한 호소이자, 나의 진심 어린 기도입니다. 이는 한국, 중국, 그리고 노예화의 위협을 받는 국민과 국가들을 위한 기도일 뿐만 아니라, 미국 자신을 위한 기도이기도 합니다.

자유 미국, 투쟁하는 미국이 없이는 자유세계의 희망은 없습니다. 나의 기도는 미국이 자신을 구하기 위해서 적시에 결정을 내리고, 그로 인해서 나머지 우리 모두를 구해 주십사 하는 것입니다.

공식성명 발표 후에 이 대통령은 기자들의 질문을 받았으며, 답변 요지는 다음과 같다.

"미국은 늦어지기 전에 각성하여 자신과 기타 자유 국가들을 위하여 공산주의자들에 대해서 적절한 시간에 적절한 행동을 취해야 할 것입니다. 지금이야말로 행동해야 할 가장 유리한 시기입니다. 그러한 결정을 더 이상 미룬다면 이는 한층 더 큰 규모의 비참한 혼란만 초래할 것입니다. 오늘 싸우는 것이 내일을 기대하는 것보다 한층 나을 것입니다."

"유엔은 군사 장비, 해군, 공군의 지원만 해주고 지상 전투는 아시아인들에게 맡겨도 좋습니다. 만일 유엔군의 보병이 참전한다고 하더라도 후방에 머물고, 해군과 공군 지원으로 충분합니다. 해군과 공군 지원조차 주저한다면, 우리의 북진을 가로막지 말아야 할 것입니다."

"승리하든지 패배하든지 간에 우리는 북진을 원하고 있습니다. 우리는 압록강까지 밀고 올라갈 수 있다고 확신합니다. 지금 자유진영이 어디에서든 승리를 거둔다면, 그것은 하나의 획기적인 전환점이 될 것입니다. 즉 자유 국민과 철의 장막 뒤의 인민을 고무시켜서 공산 분자에게 저항하게 만들고, 공산 분자에게 세계 정복이 그리 쉽지 않다는 것을 깨닫도록 해 줄 것입니다."

"세계 정복이야말로 공산주의자들의 최종적인 목표입니다. 그들은 절대로 미국이라는 비옥하고 풍요한 선물에 손을 대지 않고 그대로 놓아두지는 않을 것입니다."

기자회견을 마친 이 대통령은 오전 9시 30분 하와이 대학에 들렀다가 정오에는 호노룰루 주재 한국총영사관에서 70세 이상의 동포들과 점심을 함께했다. 그리고 오후 2시 반 숙소에서 잠시 쉰 후, 3시 20분 히컴 공군기지 비행장으로 출발했다. 귀국을 위해서 공항에 갈 때는 도착했을 때와는 반대로 이 대통령과 스텀프 제독 부인이 동승하고, 프란체스카 여사와 스텀프 제독이 동승했다.

이 대통령 내외가 히컴 비행장에 도착하자, 비행기 곁에 미국 측 주요 인사와 동포 수백 명이 태극기를 들고 기다리고 있었다. '만세' 소리가 울려 퍼지는 가운데, 대통령 내외는 미소를 머금고 환송객들과 악수하며 석별을 정을 나눴다.

국민에게 귀국 보고

이승만 대통령 내외를 실은 미 공군기는 웨이크 섬과 유황도를 경유해서 8월 13일 오전 11시가 조금 못 되어 김포 공항에 도착했다. 대통령 내외가 모습을 드러내자, 많은 군중이 열광적으로 박수를 보내 주었다. 이 대통령은 모자를 흔들어 답례하며 트랩을 내려왔고, 엷은 청색 한복을 입은 영부인이 그를 뒤따랐다.

대통령은 귀국 소감을 말했다.

제네바 회의 실패 이후, 우리 국군과 국민은 무언가 이루어져야 한다는 기대를 하고 있었고, 상황이 나아지기를 기다렸습니다. 마침내 나는 미국을 방문할 수 있었고, 확신을 가지고 귀환했습니다. 나는 우리 모든 국민, 국군, 정부 공무원들이 내가 떠나있는 동안 자신의 임무를 너무도 잘 수행해 준 데 대해서 감사를 표합니다.

미국으로 출발할 때, 나는 경제 원조나 기타 물질적인 원조에 대해서는 그다지 큰 기대를 걸지 않았습니다. 오히려 나는 미국이 국제 공산주의에 대해서 어떤 정책을 가졌는지를 알아보고자 했던 것입니다.

내가 가졌던 가장 중요한 희망 중의 하나는 유엔군이 우리 국군과 똑같은 조치를 하든지, 혹은 우리가 독자적으로 행동할 수 있게끔 우리의 정책을 따르도록 하는 것이었습니다. 하지만 나는 미 최고위층이 나의 정책에 대해서 호의적이지 않은 것을 알고, 그런 제안을 하지 않았습니다.

그러나 원조 문제와 방위 문제에 관해서는 책임 있는 미국 관리, 상하원의원, 미국 국민이 매우 공감하는 분위기였으므로 나의 방문은 큰 성공을 거두었다고 믿습니다. 경제 및 국방 관련 협의가 계속되고 있습니다. 육해공군 보좌관들의 지원을 받는 손원일 국방부장관과 몇몇 경제전문가들의 도움을 받는 백두진 경제조정관이 미국 고위 관리들과 회담하고 있습니다. 좋은 결과가 나오기를 기대합니다.

아이젠하워 대통령 내외가 나와 내 아내에게 베풀어 준 호의와 친절함은 잊지 않을 매우 유쾌한 기억으로 남아 있습니다. 닉슨 부통령 내외도 아주 다정하게 대해 주었습니다.

미국 의회 의원들, 특히 윌리엄 노울랜드 상원 다수당 원내 대표, 조셉 마틴 하원의장, 그리고 포스터 덜레스 국무부장관이 매우 호의적으로 대해 주었습니다. 이분들 모두에게 마음속에서 우러나는 감사를 표합니다. 그리고 미국의 모든 다른 공무원들에게도 감사를 드립니다.

어디를 가나 많은 미국 국민이 따뜻한 환영과 공감을 표시해 주었는데, 이는 나의 기대를 훨씬 뛰어넘는 것이었습니다. 이러한 환영의 표시는 자유를 위한 우리 국민과 국군의 용감하고 영웅적인 투쟁에 대한 칭찬과 격려가 분출된 것으로 나는 믿습니다.

이 모든 사실은 미국의 신문과 잡지들에 호의적으로 보도됐습니다. 이는 우리 두 나라의 우정이 매우 긴밀하다는 사실과 미국 여론이 우리의 자유를 위한 투쟁을 지지한다는 사실을 보여 주는 것입니다.

이번 여행을 계기로 나는 우리 국민이 혼연일체가 되어 당면한 노력을 해 줄 것을 촉구합니다. 그렇게 함으로써 우리 우방들의 기대를 저버리지 말아야 할 것입니다.

끝으로 우리가 미래에 대한 새로운 희망과 자신감을 가질 수 있

**게 되었는데, 이는 아이젠하워 대통령과 미국 국민의 큰 호의 덕분
이라는 점을 다시 한번 되풀이해서 말하고자 합니다.**

이승만 대통령의 미국 방문 목적은 명확했다. 즉, 6·25전쟁의 도발
자인 스탈린 공산주의자들을 지구상에서 완전히 몰아내는 거룩
한 전쟁을 시작하자고 제안하는 것이었다. 그는 아이젠하워에게 우
리와 똑같은 조치로 성전을 함께 수행하던지, 혹은 우리가 독자적
으로 행동할 수 있게끔 우리의 정책을 따르라고 제안하려고 했다.

그러나 이승만과 아이젠하워의 두 차례 정상회담에서 보았듯
이, 아이젠하워는 이승만의 정책에 대해서 경청할 자세조차 되어
있지 않았다. 이승만이 귀국 소감에서 밝힌 "미 최고위층이 나의
정책에 대해서 호의적이지 않은 것을 알고, 그런 제안을 하지 않았
다"는 구절은 바로 겁쟁이 아이젠하워를 향한 회한의 외침이었다.

비록 아이젠하워에게 제안하지는 않았지만, 이승만은 미국 여
론에 더 늦기 전에 공산주의자들과의 강력한 성전을 개시해야 한
다고 호소했다. 미국의 수도 워싱턴 도착 즉흥 연설에서부터, 미
의회·조지워싱턴대학·외교기자클럽·한미재단·LA 세계정세협
회·샌프란시스코 커먼웰스 클럽 등의 연설과 하와이에서 귀국 성
명이 이르기까지!

특히 이승만은 뉴욕타임스와 유에스 뉴스 앤드 월드 리포트와
의 단독회견에서 아시아 분쟁의 중요한 원인 중 하나는 프랭클린
루스벨트의 잘못에서 비롯되었다고 비판했다. 그는 미국인들이 공
산주의의 위협에 공동대처할 배짱이 없다고 꼬집고, 미국이 제발
우리 국민을 두렵게 하지 말고, 적을 두려움에 떨게 만드는 거룩한
전쟁을 개시해 주기 바란다고 촉구했다.

소기의 방미 목적을 이루지 못해서 마음이 무거웠지만, 이승만은 아이젠하워에게 하지 못한 말을 미국 여론을 상대로 속 시원하게 피력한 것에 스스로 만족해야 했다. 공항을 빠져나와 대통령 관저인 경무대로 향하는 동안, 인도를 가득 메운 수십만 명의 환영 인파는 대통령의 무겁고 답답한 마음을 아는지 모르는지 힘찬 박수와 열띤 환호로 맞아 주었다.

에필로그

전설적인 종군 여기자 마거리트 히긴스는 1951년 출간한 6.25 전쟁에 관한 세계 최초의 단행본 『War in Korea』 '자유를 위한 희생(번역본)'에서 다음과 같이 언급했다.

"한국전쟁에서 한국이 보잘것없는 무기를 가지고 소비에트 공산주의자들의 침략에 맞서야 했던 주된 이유는 미국의 그릇된 외교정책 때문이다. 1945년 한반도의 해방 이후 미국은 한국을 군사적으로 전폭적인 지원을 한 것도 아니고, 완전히 포기한 것도 아니었다. 더구나 1949년 여름 미국은 이승만 대통령의 격렬한 반대에도 불구하고 주한미군을 완전히 철수시켰다.

이렇게 미국이 군사적으로 어정쩡한 태도를 보이자 국가, 안보에 대한 불안감에 사로잡힌 이승만 대통령은 자주 비민주적인 편법을 동원했다. 그러나 대한민국에서 가장 영향력이 있고 존경받는 이승만은 진정으로 민주주의를 확신하는 인물로 보였으며, 자신을 동양의 윈스턴 처칠과 같은 인물로 여기고 있는 것 같았다.

내가 이 대통령을 마지막으로 만난 것은 인천상륙작전으로

6·25전쟁의 승리가 임박한 것처럼 보였던 1950년 9월 말 어느 화창한 가을날이었다. 자그맣고 마른 체구인 그의 얼굴에는 깊은 주름이 파였으며 목소리는 떨리고 힘이 없었다. 그러나 이날 이 대통령이 들려준 말을 나는 생생하게 기억하고 있다.

'이번에 우리가 학습했듯이 당신의 정부도 공산주의자들과의 타협이란 없다는 사실을 배워야 합니다. 공산주의자들에게 타협이란 언제나 시간을 벌기 위한 수단이며 상대가, 의심하지 않도록 달래는 속임수입니다. 공산주의자들의 속셈을 알아채지 못한다면, 당신들은 준비가 너무 늦어져서 그들의 다음번 공격을 막아내지 못할는지도 모릅니다.'"

1953년 7월 27일 휴전협정에 서명했던 유엔군사령관 마크 클라크Mark Clark, 1896-1984 대장은 이승만 대통령이 미국을 방문했던

휴전협정에 서명하는 유엔군사령관 마크 클라크 대장

1954년에 회고록을 발간했다. 『From the Danube to the Yalu』 다뉴브강에서 압록강까지, 1954라는 제목의 책에서 그는 휴전에 서명하던 때의 감회를 다음과 같이 회고했다.

"평화는 1) 우리가 막강하고, 2) 이 사실을 공산주의자들이 알고 있으며, 3) 만일 전쟁이 발발하면, 우리에게 막강한 힘을 사용할 결의와 용기가 있음을 공산주의자들이 확신하는 경우에만 보장될 수 있다.

1950년 11월 중공군이 전투에 뛰어들었을 때 미국과 자유세계는 가장 중요한 결단을 내렸어야만 했다. 그때 우리가 세계전쟁으로의 확산 위험을 무릅쓰고 단호한 의지와 용기를 보였다면 중공군을 응징하고 승리할 수 있었는데, 우리 정부가 그렇게 하지 않아서 나는 실망했다. 그러나 아이젠하워 대통령이 휴전을 선택했으므로 어쩔 수 없이 나는 그의 결정을 충실히 따랐다."

클라크는 대한민국의 이승만 대통령에 대해서 언급하는 것도 잊지 않았다.

"이승만 대통령은 우리가 조인할 어떤 휴전도 파탄시키겠다는 위협을 반복했다. 지혜롭고 존경할 만한 애국자인 대한민국의 국가원수와 나의 관계는 미국이 휴전 의도를 명백히 밝히기 전까지는 더할 나위 없이 좋았다. 그러나 미국이 휴전 의지를 굳힌 후, 나는 비통함과 좌절감에 빠진 이승만 대통령에게 매를 맞는 소년의 처지로 전락했다.

긴 안목으로 보자면, 한반도에 우리가 승리의 깃발을 꽂을 때까지 미국이 한국과 함께 싸우도록 하겠다는 이승만 대통령의 외골수적인 의지가 정당했다고 증명될 날이 올 것이다. 하지만 그런 목표의 달성을 위해서는 전쟁이 한반도 밖으로 확대돼야 했는데, 미국 정부나 유엔의 우방들은 그럴 준비를 하고 있지 않았다."

워싱턴의 겁쟁이들

1954년 이승만 국빈 방미의 재조명

발행일 초판 1쇄 발행 2022년 11월 18일

지은이 이현표

펴낸이 안병훈

펴낸곳 도서출판 기파랑

등록 2004년 12월 27일 제300-2004-204호

주소 서울시 종로구 대학로8가길 56(동숭동 1-49) 동숭빌딩 301호

전화 02)763-8996 편집부 02)3288-0077 영업마케팅부

팩스 02)763-8936

이메일 info@guiparang.com

홈페이지 www.guiparang.com

ISBN   978-89-6523-545-3   09310